Ingo Werners

Fahren, Funken, Feuern

Hinweise für die Einsatzvorbereitung

Fahren, Funken, Feuern

Hinweise für die Einsatzvorbereitung

Ingo Werners

2010

Carola Hartmann Miles – Verlag Berlin

CIP-Kurztitelaufnahme der Deutschen Bibliothek
Ingo Werners: Fahren, Funken, Feuern. Hinweise für die Einsatzvorbereitung

Carola Hartmann Miles – Verlag, 2010
ISBN 978-3-937885-31-5

Titelbild / Bildnachweis: Ingo Werners

Herstellung: Books on Demand, Norderstedt

George-Caylay-Str. 38
14089 Berlin
(email: UHWHartmann@aol.com;
www.miles-verlag.jimdo.com)

Printed in Germany
ISBN 978-3-937885-31-5

Inhaltsverzeichnis

Inhaltsverzeichnis

Abkürzungsverzeichnis

ABC	Atomar Biologisch Chemisch
BGS	Bundesgrenzschutz
BOS	Behörden und Organisationen mit Sicherheitsaufgaben
DDR	Deutsche Demokratische Republik
EOD	Explosive Ordnance Disposal
GIS	Geographisches Informationssystem
GPS	Geographisches Positionierungssystem
Grapi	Granatpistole
Grp	Gruppe
GrpFü	GRUPPENFÜHRER (stv = stellvertretender)
GUS	Gemeinschaft unabhängiger Staaten
IED	Improvised Explosive Device
MG	Maschinengewehr (sMG = schweres Maschinengewehr, lMG = leichtes Maschinengewehr)
MPi	Maschinenpistole
MVG	Mengenverbrauchsgüter
NGO	Nichtregierungsorganisation (Non-Governmental Organization)
NVA	Nationale Volksarmee

PTBS	Posttraumatisches Belastungssyndrom
PzAbw	Panzerabwehr
PzFst	Panzerfaust
ROE	Rules of Engagement (Einsatzregeln/Rechtslage)
SanTrp	Sanitätstrupp
SigPi	Signalpistole
TÜP	Truppenübungsplatz
Trp	Trupp
TrpFü	Truppführer
UXO	Unexploded Ordnance
USBV	Unkonventionelle Spreng- und Brandvorrichtung
WtgTrp	Wartungstrupp
ZF-Gewehr	Zielfernrohrgewehr
Zg	Zug
ZgFü	Zugführer
ZugTrp	Zugtrupp
ZDv	Zentrale Dienstvorschrift

1 Einleitung

Die erste Idee zu diesem Buch entstand bei einem Schießlehrgang und der im Gespräch mit den Ausbildern gewachsenen Erkenntnis, dass sich die meiste taktische Literatur auf dem deutschsprachigen Buchmarkt mit dem „Einzelschützen" beschäftigt, nicht jedoch mit der Gruppe oder dem Zug. Dieser Eindruck verfestigte sich mehr und mehr, als dass sich im Gespräch mit Betroffenen herausstellte, dass offenbar Bedarf besteht, Standardverfahrensweisen in einer bewaffneten Konfrontation zu kennen bzw. erklärt zu bekommen, die über das Verhalten des militärischen Einzelschützen hinausgehen. Zu dem genannten Personenkreis gehören unter anderem Reservisten, Polizisten genauso wie Journalisten, Personenschützer und Angehörige ziviler (Hilfs-) Organisationen. Also machte ich mich an die Arbeit und wertete mir zweckmäßig erscheinende Literatur etc. aus. Dabei spielten auch die Gespräche mit und Hinweise des genannten Personenkreises eine wichtige Rolle. Ich danke schon jetzt allen für die guten und spannenden Gespräche, Ratschläge, Hinweise, Diskussionen und Literaturbeispiele.

Gleichzeitig machte dieser Wissensbedarf aber auf ein Manko aufmerksam: Im bundesrepublikanischen Raum existiert keine militärische oder polizeiliche Ausbildungszeitschrift mehr, die sich diesen Themen aktuell und zeitnah annimmt. Die Zeitschriften „Truppenpraxis" oder „Wehrausbildung" sind vom Markt verschwunden. Selbst die Zeitschrift für Reservisten (Loyal) sieht diesen Bedarf für ihre Klientel offenbar ebenfalls nicht und konzentriert sich vor allem auf wehrpolitische Zusammenhänge. Die brauchbarsten taktischen Hinweise liefern daher für die Zug- und Gruppenebene die Magazine der Paintballszene. Ich werde daher versuchen, mit dieser Broschüre diese Lücke ein wenig zu schließen. Dabei erhebe ich sicherlich nicht den Anspruch auf Vollständigkeit, konzentriere ich mich doch auf Gruppe und Zug im Zusammenhang mit motorisierten Bewegungen (Marsch etc.) und damit verbundene Handlungen. Dabei ergibt sich vieles aus der Logik heraus. Auf Fotos habe ich verzichtet. Stattdessen wird anhand von einfachen Prinzipskizzen erklärt, weil sich Skizzen und Zeichnungen auf das unbedingt Notwendige beschränken.

Einige Dinge werden im Laufe des Buches nur gestreift, andere mehrfach wiederholt. Gleichzeitig habe ich eine Vielzahl von Literatur genannt, um gerade den Lesern, die sich tiefer mit Einzelbetrachtungen beschäftigen möchten, den Einstieg zu erleichtern. Und um hier keinen Zweifel aufkommen zu lassen – ich betrachte die Einzelausbildung als die wichtigste Ausbildung. Und um einen anderen Zweifel gleich mit auszuräumen – jeder, der über Vorschriften, Ausbildungshinweise oder Prozeduren aus seiner Profession verfügt und zugreifen kann, sollte diese lesen, einschließlich der Sicherheitsvorschriften. Und wenn in dieser Schrift von „Männern" die Rede ist, meine ich Männer wie Frauen gleichermaßen.

Ingo Werners im Juni 2010

2 Das Einsatzumfeld

2.1 Politisches Umfeld

Die Bundeswehr hat sich seit ihrer Aufstellung bereits an mehr als 130 Einsätzen zur Hilfeleistung in aller Welt beteiligt. Seit 1990 nimmt sie in größerem Umfang an der ganzen Bandbreite internationaler Einsätze teil. Aktuell ist die Bundeswehr in mehreren Einsätzen engagiert. Hierzu zählen unter anderem: Afghanistan, Kosovo, Bosnien und Herzegowina, Mittelmeer, Horn von Afrika, Küste vor Somalia, Sudan…

Schon seit August 1989 nehmen deutsche Polizisten an Auslandseinsätzen teil. Die ersten Bundesgrenzschutzbeamten (BGS) wurden in Namibia eingesetzt. Nach Einsätzen in Kambodscha, der West-Sahara und auf der Donau traten auch deutsche Polizisten der Landespolizeien 1994 erstmals einen Einsatz im Ausland an. Auslandseinsätze sind demnach nicht „das Privileg" von Soldaten, vielmehr hat die Polizei damit noch vor der Bundeswehr begonnen (von den Missionen und Hilfsoperationen der Luftwaffe und Marine mal abgesehen). Demnach müssen auch sie sich auf die Einsätze intensiv vorbereiten und stets damit rechnen, in Krisengebieten in Kampfhandlungen im weiteren Sinne „verwickelt" zu werden. Im Zuge der Einsatzvorbereitung ist es unbedingt notwendig, sich auf die Einsatzregion vorzubereiten und sich mit ihr umfänglich auseinanderzusetzen. ROBBE [2009] nennt als Alleinstellungsmerkmal deutscher Einsatzkräfte unter anderem deren interkulturelle Kompetenz. Informationen über landeskundliche Fragestellungen [Klima, Bevölkerung, Religion, Geschichte und Wirtschaft], die für die Einsatzgebiete von Relevanz sind, sind in Reiseführern zugänglich. Ebenso werden solche Informationen durch das Auswärtige Amt der Bundesrepublik Deutschland aber auch durch die Volkshochschulen angeboten [siehe hierzu auch die Veröffentlichung der BUNDESAKADEMIE FÜR SICHERHEITSPOLITIK 2004].

2.2 Sicherheitsumfeld

Angehörige von Streit- bzw. Sicherungskräften, wozu auch beispielsweise entsandte Polizisten zu Ausbildungszwecken zählen können, sollten sich über das Bedrohungsszenario in der Einsatzregion ein klares Bild machen.

Die Sicherheitslage kann z. B. geprägt sein durch noch stattfindende Kampfhandlungen, zurückgelassene Kampfmittel/UXO, durch Streitkräfte und Milizen, Banden bzw. irreguläre Kräfte, von denen Übergriffe ausgehen. Diese Lage kann ausgesprochen diffus und unübersichtlich für den Außenstehenden sein. Die Motive der Täter für Anschläge sind vielfältig [Armut, Hunger, Machtpolitik zwischen rivalisierenden Gruppierungen, politisch motivierter Terrorismus]. Eine umfängliche Analyse dieser Strukturen findet sich bei MÜNKLER [2005]. Im weiteren Sprachgebrauch werden diese Personen in diesem Buch IRREGULÄRE KRÄFTE genannt.

IRREGULÄRE KRÄFTE zeichnen sich durch eine sonst nicht übliche Kampfweise aus, die Heimtücke, Hinterlist und Grausamkeit einschließen kann (auch Frauen und Kinder können sich an solchen Aktionen beteiligen). Es muss damit gerechnet werden, dass irreguläre Kräfte sich nicht an die Regeln des humanitären Völkerrechts in bewaffneten Konflikten halten. Gleichzeitig sind diese für die regulären, im Rahmen der Mission eingesetzten Streitkräfte bindend.

IRREGULÄRE KRÄFTE treten nicht immer als Kombattanten auf, sondern tragen Uniformen der eigenen Sicherheitskräfte, fremder regulärer Sicherheitskräfte und/oder Zivilkleidung, passen sich ihrem Umfeld gut an (Assimilation) und sind für eigene Kräfte bis zum Beginn der Feindseligkeiten kaum/nicht erkennbar.

Vor ihren Aktionen/Anschlägen betreiben sie verdeckte und sorgfältige Aufklärung und Erkundung, die sich durchaus über einen längeren Zeitraum erstrecken kann. Je länger diese Vorbereitung dauert, umso wahrscheinlicher ist es, dass diese Vorbereitungen aufgeklärt werden, weil die eigenen Kräfte Muster erkennen.

IRREGULÄRE KRÄFTE werden in der Regel straff geführt und können folgende Aufgaben haben:

- Überfallen militärischer oder ziviler Führungseinrichtungen, um Gefangene zu machen, Geiseln zu nehmen, Dokumente zu erbeuten und/oder die Führung zu stören,
- Einschüchterung der Bevölkerung, ziviler Hilfsorganisationen und regulärer Streitkräfte durch Terror,
- Behinderung der Bewegungen und der Versorgung der regulären Streitkräfte durch Beschädigung oder
- Zerstörung von Verkehrsanlagen oder logistischen Einrichtungen,
- Aktionen aller Art, die geeignet sind, ständige Unruhe zu schaffen und Sicherungskräfte zu binden.

Hierzu vermeiden sie nach Möglichkeit Berührung mit regulären Streitkräften, vor allem dann, wenn diese offensichtlich überlegen, diszipliniert, professionell und wachsam auftreten.

IRREGULÄRE KRÄFTE agieren zumeist in kleinen Trupps. Für erweiterte Störaktionen/Anschläge werden mehrere Trupps zu größeren Gruppierungen zusammengefasst, um sich danach wieder aufzulösen und mit ihrem Umfeld zu verschmelzen. Wenn sie den Kampf suchen, führen sie ihre Aktionen handstreichartig als Hinterhalt oder Überfall durch [siehe hierzu auch von DACH 1984].

Anschläge, Überfälle und Hinterhalte sind gekennzeichnet durch die Wahl eines günstigen Zeitpunktes, z.B. Nacht, schlechte Sicht, schlechtes Wetter.

Anschläge können zunächst ausschließlich aus „Sprengstoffanschlägen“ bestehen, weil den IRREGULÄRE KRÄFTEN das Wissen, die Organisation oder die Stärke fehlt, „klassische Kampfhandlungen“ durchzuführen. Die Auswertung der Einsatzfelder Irak und Afghanistan zeigt, dass sich IRREGULÄRE KRÄFTE zunächst auf die Durchführung von Sprengstoffanschlägen mit Hilfe von IED konzentrierten. Erst zu einem späteren Zeitpunkt (nach erfolgter militärischer Lernphase) gingen die IRREGULÄREN KRÄFTE dazu über, Überfälle und Hinterhalte auch mit Steil- und Flachfeuerwaffen durchzuführen.

Überfälle und Hinterhalte finden meist vor dem Morgengrauen, während der Ablösung von Posten und/oder unter Umständen auch bei Tageszeiten mit starkem Zivilverkehr statt. IRREGULÄRE KRÄFTE verstehen es durch ihre Geländekenntnisse meist hervorragend, dieses zu ihrem Vorteil auszunutzen (einschl. der Anwendung von Ablenkungsmaßnahmen). Einzelne Sicherungskräfte, Wachen oder Posten werden lautlos ausgeschaltet, meist getötet!

Überfall und Hinterhalt sind charakterisiert durch hohen Munitions- und Kampfmittelaufwand durch automatische Waffen bei plötzlicher Feuereröffnung. Hierzu zählt auch der Einsatz von Panzerabwehr-Handwaffen (Panzerfäuste), Mörsern sowie Sprengmitteln. Im Nahkampf sind IRREGULÄRE KRÄFTE in der Regel rücksichtslos. Zur Unterstützung herbeieilende Kräfte geraten nicht selten ebenfalls in gut vorbereitete Hinterhalte, die mit derselben Härte und Kompromisslosigkeit durchgeführt werden. Zivile, aber durchaus auch eigene Verluste werden in Kauf genommen, teilweise bewusst provoziert, um die regulären Streitkräfte in der Presse in Misskredit zu bringen [siehe hierzu auch CHIARI 2009].

Der Einsatz von Militär gegen irreguläre Kräfte auf aktuellen Krisenschauplätzen führt nicht selten zu einem großen Dilemma für die eingesetzten Kräfte. Große Teile der Politik wie der Bevölkerung betrachten "Militär" nach wie vor in der Abschreckungslogik des „Kalten Krieges“. Die Präsenz von Waffen soll sicherstellen, dass nicht gekämpft wird. Das ist jedoch nicht die Logik eines Kampfes gegen IRREGULÄRE KRÄFTE bzw. eines „asymmetrischen Konfliktes“. Hier hat man es nicht mit einem gleichartigen Gegner zu tun, wie oben beschrieben, sondern mit einer Taktik von Nadelstichen und Provokationen, die herausfinden soll, wie ernst es die eigenen Kräfte, aber vor allem wie ernst es die Politik mit den eingesetzten Kräften und deren an sich überlegenen Waffensystemen eigentlich meinen. Werden sie nicht eingesetzt, sind sie wertlos; werden sie eingesetzt, zeigt man Bilder von getöteten Zivilisten. IRREGULÄRE KRÄFTE befinden sich demnach in einer vorteilhaften Situation. Gehen eingesetzte Kräfte gegen sie vor, ist dies im Zweifel ein Vorgehen gegen Zivilisten, das von den Medien als „falsch" kritisiert wird. Um keine negative Presse zu verursachen, werden die eingesetzten Kräfte dann von der Politik aufgefordert, dieses Vorgehen zu unterlassen. Im Ergebnis können sich die IRREGULÄRE KRÄFTE offen bewegen. Die eingesetzten Kräfte erscheinen wehrlos – die Politik wird bloßgestellt. Es bleibt das Fazit, dass der Einsatz gegen IRREGULÄRE KRÄFTE neben der militärischen Fähigkeit auch des politischen Willens und Verständnisses sowie des Rückhaltes in der eigenen Bevölkerung bedarf [siehe hierzu auch MÜNKLER 2009].

Die nachfolgenden Ausführungen in diesem Buch zielen auf die Bedrohung durch IRREGULÄRE KRÄFTE ab – das heißt aber nicht, dass der Verfasser das klassische Kriegsbild für „für immer vergangen" hält. Die Wahrscheinlichkeit, als Soldat, Polizist oder auch als Angehöriger einer zivilen Einrichtung derzeit in eine Region zu geraten, deren Sicherheitsumfeld zunächst durch IRREGULÄRE KRÄFTE oder Milizen etc., aber weniger durch das klassische Kriegsbild geprägt ist, ist groß. Wenn der mit diesem Buch angesprochene Personenkreis sich gedanklich oder auch tatsächlich zudem vom klassischen Kriegsbild nicht vollends verabschiedet, so ist dies aus Sicht der Politik vielleicht unkorrekt, aber zweckmäßig; aktuelle Beispiele hierfür gibt es reichlich [siehe hierzu auch ARBEITSGEMEINSCHAFT TRUPPENDIENST 2001].

3 Einsatzkräfte

3.1 Der Zug

Sowohl bei den Streitkräften, als auch den Polizeikräften und den zivilen Hilfsorganisationen ist die der Einsatz von Kräften im Rahmen eines geschlossenen Verbandes üblich. Solche „geschlossenen Verbände" werden im Folgenden „Zug" genannt. Ein Zug ist durch die personelle Ausstattung (Kräfte) und Ausrüstung (Mittel) verhältnismäßig autonom und kann in einem zugewiesenen Areal/Raum/Objekt eigenständig agieren. Er kann bei Bedarf zusätzliche Kräfte und Mittel erhalten (verstärkt werden) oder diese abgeben (vermindert werden).

3.1.1 Personal

Der Führer des Zuges ist der ZUGFÜHRER. Ihm zur Seite steht ein Stellvertreter. Die personelle und materielle Ausstattung eines Zuges ist abhängig vom Auftrag sowie dem geographischen, politischen und klimatischen Umfeld. Selbst in den deutschen Streitkräften gibt es unterschiedliche Ansätze zur Gliederung von Infanteriezügen [GOTTSCHE 2009]. Nachfolgend werden Vorschläge aufgezeigt, wie solche Züge gegliedert sein könnten und ihre Vor- und Nachteile andiskutiert.

Der ZUGFÜHRER sollte stets berücksichtigen, welche wesentliche Leistung der Auftrag von ihm verlangt, die „Auflagen", die der Auftrag für den Einsatz der Zuges (Grenzen, Wirkungsbereiche, Zeiten, usw.) beinhaltet, wie und wo er auf den Gegner treffen kann, sowie dessen Stärke und Bewaffnung. Zudem betrachtet er die Waffen und Kampfmittel, die dem Zug zur Verfügung stehen, einschließlich der Versorgungslage (Munition, Betriebsstoff, Verpflegung, etc.). Er berücksichtigt ebenfalls den Einsatz der eigenen Fernmeldemittel, die Beschaffenheit des Geländes, Einfluss des Wetters, Sicht und Tageszeit auf den Auftrag, die zur Auftragsdurchführung zur Verfügung stehende Zeit und die zivilen Rahmenbedingungen in seinem Einsatzumfeld. Demnach hat er stets zu prüfen, ob verschiedene Möglichkeiten für die Durchführung des Auftrages bestehen. Der ZUGFÜHRER ist für die Einsatzbereitschaft des Zuges und die Einsatzfähigkeit seiner Ausstattung verantwortlich. Er leitet den Feuerkampf des Zuges und ist daher an keinen Platz gebunden. Beim Feuerkampf des Zuges befindet er sich meist im Schwerpunkt.

Der ZUGFÜHRER führt den Zug mit Hilfe des Zugtrupps (ZgTrp). Dieser unterstützt ihn und ist das „operative As in seinem Ärmel".

Das Personal kann sich zusammensetzen aus Sanitätern, Funkern, Scharfschützen, Pionieren, das jeweils auf Befehl des Zugführers handelt. Die GRUPPENFÜHRER fordern die Unterstützung des Personals aus dem ZgTrp bei Bedarf an – der ZUGFÜHRER entscheidet über seine Freigabe.

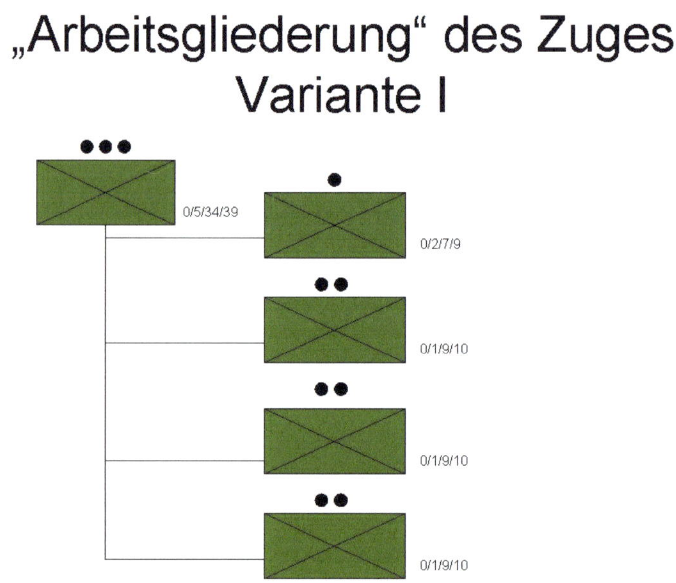

Abbildung 3-1: Variante I für die Gliederung eines Infanteriezuges

Obige Abbildung zeigt die Gliederung eines „klassischen“ Infanteriezuges, bestehend aus 3 Einsatzelementen (Gruppen) und einem Führungselement (Zug-Trupp).

Die letzte Zahl in der Reihe neben dem Kasten zeigt die Gesamtstärke der Gruppe (10 Personen), die sich aus Offizieren (0), Unteroffizieren (1) und Mannschaften (9) zusammensetzt – diese personelle Ausstattung mit Offizieren, Unteroffizieren und Mannschaften kann in der Realität anders sein, von der Gesamtstärke 10 ist jedoch auszugehen. Neben den Gruppen ist das Herzstück des Zuges das Führungselement – der ZgTrp.

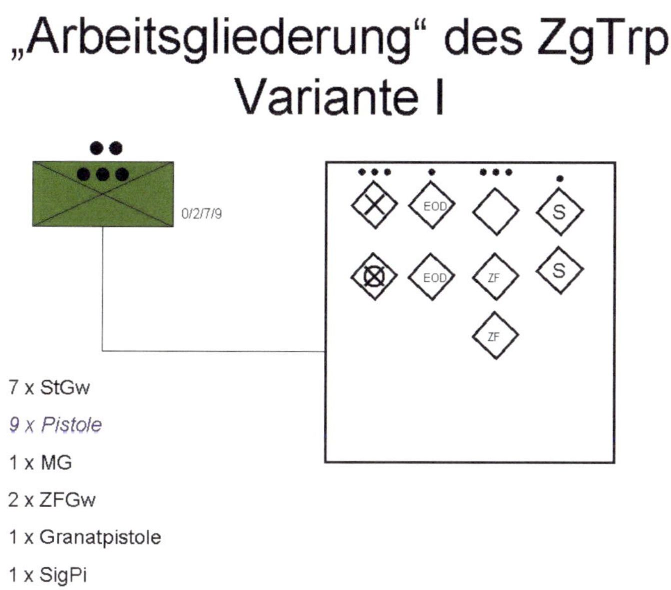

Abbildung 3-2: Personelle Ausstattung und funktionale Aufteilung eines Zugtrupps in einem „klassischen Infanteriezug“

In der Abbildung 3-2 wird eine klassische Variante eines Zugtrupps dargestellt. Er besteht aus dem Zugführer und seinem Stellvertreter, dem

Kraftfahrer, zwei Scharfschützen (ZF), zwei Sanitätern (S) und zwei Pionieren (EOD).

Der ZUGFÜHRER führt den Zug. Der Stellvertreter entlastet ihn dabei und führt den Zugtrupp, wenn der ZUGFÜHRER gebunden ist.

Die Pioniere sollten im Sprengen genauso wie im Räumen/Beseitigen von Kampfmitteln ausgebildet sein und auch über eine entsprechende Befähigung verfügen.

Der hier dargestellte Zugtrupp ist personell relativ schwach, bringt aber dennoch eine beachtliche Feuerkraft auf und kann die Gruppen des Zuges zweckmäßig unterstützen. Als „Reserve", die in einer Krisensituation andere Teile des Zuges verstärkt, kann der ZgTrp nur bedingt fungieren.

Im ZgTrp oben genannter Struktur kommt es zu relativ wenigen Doppelfunktionen, worunter das Bedienen des Funkgerätes fällt. Für den Zugtrupp reicht ein Kfz zur Beweglichmachung vollkommen aus.

Im Zuge der Erfahrungen, aber auch wegen der unterschiedlichen Aufträge kursieren ungezählte Gliederungsvorschläge für Infanteriezüge. Ein Beispiel findet sich bei GOTTSCHE [2009]. Nachfolgend soll ein solcher Vorschlag näher hinsichtlich des ZgTrp betrachtet werden.

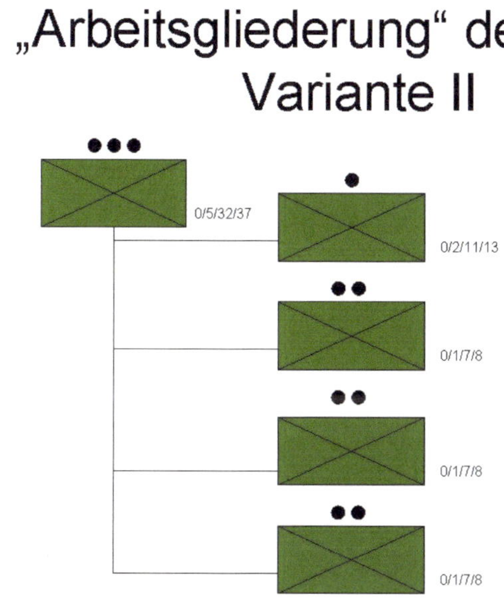

Abbildung 3-3: Variante II einer Infanteriezuggliederung – der Zug ist personell schwächer; der ZgTrp ist stärker.

Abbildung 3-3 zeigt einen personell schwächeren Infanteriezug in Anlehnung an GOTTSCHE [2009]. Der zugehörige ZgTrp ist personell stärker aufgestellt (siehe Abb. 3-4). Die Betrachtung der beiden Varianten auf Gruppenebene erfolgt im nachfolgenden Kapitel. Die Aufgaben und die Zusammensetzung des ZgTrp im „schwachen Zug“ verdienen jedoch besondere Beachtung.

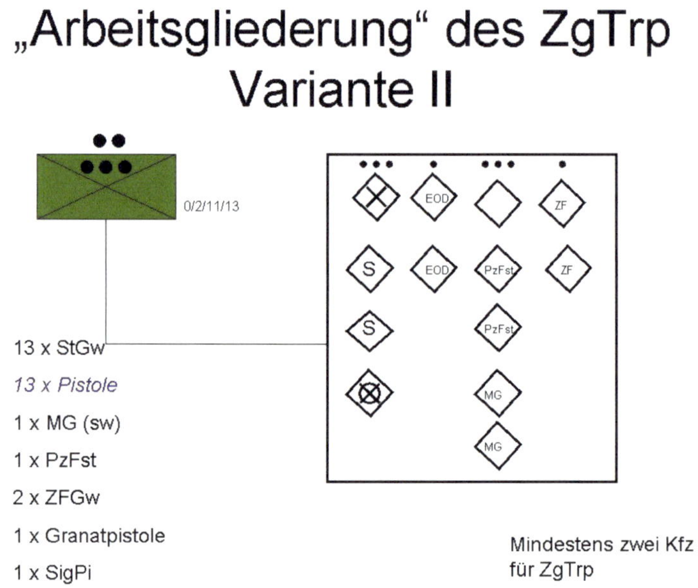

Abbildung 3-4: Personelle Ausstattung und funktionale Aufteilung eines Zugtrupps in einem „schwachen Infanteriezug“

Abbildung 3-4 zeigt einen personell starken ZgTrp. Er besticht durch „hohe Feuerkraft“ auf Grund der Panzerfäuste und des schweren Maschinengewehrs. Er kann daher die einzelnen Gruppen besser unterstützen. Ebenso kann dieser ZgTrp die Funktion einer „Reserve“ übernehmen, da er personell wie materiell einer Infanteriegruppe überlegen ist. ZgTrps dieser Qualität machen in solchen Infanteriezügen Sinn, deren einzelne Gruppen materiell und personell von geringerem Umfang sind. Sie benötigen dann Unterstützung, die der ZgTrp zur Verfügung stellt.

Ein ZgTrp dieser Stärke ist jedoch wegen seines Umfangs schwerer zu führen. Zudem benötigt er mindestens zwei Fahrzeuge. Um die Kommunikation (Funk) aufrecht zu erhalten und beweglich zu bleiben (2. Kraftfahrer nötig), kommt es zwangsläufig vermehrt zu Doppelfunktionen beim Personal.

Der solchermaßen gegliederte Zug erscheint relativ „kopflastig“. Ebenso stellt sich die Frage, ob sich insgesamt die Leistungsfähigkeit positiv vom klassischen Infanteriezug unterscheidet. Hierzu bedarf es des Einblicks in die Gliederung der Infanteriegruppe.

3.2 Die Gruppe

Mehrere Gruppen bilden das „Einsatzelement“ des Zuges. In der Regel geschieht dies durch drei Gruppen, in Ausnahmefällen sind es zwei oder vier. Die Gruppen werden durch den jeweiligen GRUPPENFÜHRER geführt. Dieser erhält seine Anordnungen (Befehle) durch den ZUGFÜHRER.

Züge mit zwei Gruppen bedingen eine eingeschränkte Arbeitsteilung zwischen ihnen. Züge mit vier Gruppen sind sowohl für den ZUGFÜHRER, als auch für die GRUPPENFÜHRER unübersichtlich.

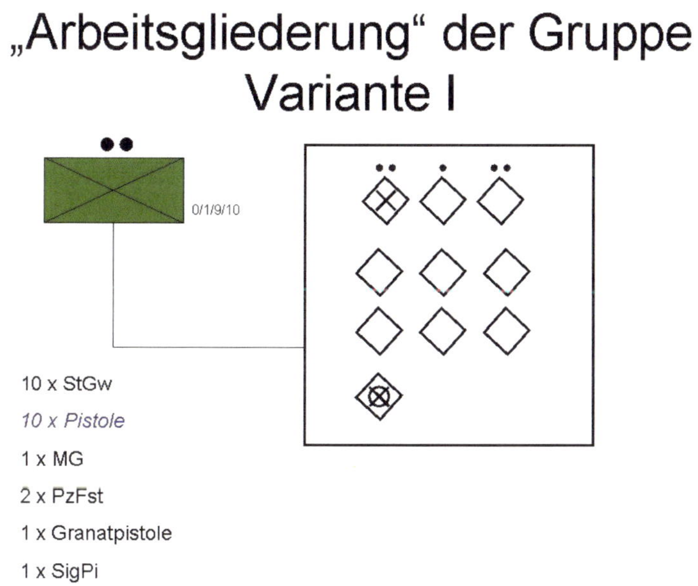

Abbildung 3-5: Darstellung einer Infanteriegruppe „klassischer Art“

Die Abbildung 3-5 zeigt die Gliederung einer Infanteriegruppe. Sie setzt sich aus drei Trupps zusammen. Der GRUPPENFÜHRER greift direkt auf zwei Männer am MG und den Kraftfahrer (hinter ihm stehend) zu. Zudem führt er (neben ihm stehend) den Stellvertreter und den TrpFü. Der stellvertretende GRUPPENFÜHRER greift auf zwei Soldaten zu. Wenn der GRUPPENFÜHRER abwesend ist oder ausfällt, führt er die Gruppe. Der Truppführer führt zwei Soldaten. Hierbei handelt es sich um einen „Trägertrupp".

3.2.1 Personal

In der Gruppe herrscht Arbeitsteilung. Dies gilt für einzelne Männer als auch für die einzelnen Trupps. Nachfolgende Aufgabenverteilung ist zweckmäßig und hat sich in der Praxis bewährt; Grundlage ist die Gruppe gemäß Abb. 3 - 5. Die einzelnen Personen werden als „Mann" bezeichnet.

Der GRUPPENFÜHRER

Der GRUPPENFÜHRER führt seine Gruppe. Im Übrigen handelt er in seinen Gedanken ähnlich dem ZUGFÜHRER, allerdings „bricht" er diese auf die Ebene seiner Gruppe herunter. Dazu hält er stets Verbindung zum ZUGFÜHRER.

Er leitet den Feuerkampf auf Befehl des Zugführers oder selbstständig und ist daher an keinen Platz gebunden. Am Feuerkampf der Gruppe beteiligt er sich, wenn dies ihn nicht bei seiner Aufgabe als Führer behindert. Zudem hält er die Funkverbindung zu seinen TrpFü und dem ZUGFÜHRER.

Die **Männer 1 und 2** sowie der Kraftfahrer werden vom GRUPPENFÜHRER persönlich und unmittelbar geführt. Der **Kraftfahrer** fährt das Gruppen-Kfz nach Maßgabe des GRUPPENFÜHRERS. Dazu gehört insbesondere, das Kfz ständig in Bewegung zu halten, wenn die Lage es erforderlich macht. Dies gilt vor allem beim Fahren im Gelände oder in taktischen Situationen, in denen der Stillstand des Kfz dem Gegner einen Vorteil verschaffen kann. Er hält das Kfz einsatzbereit (einschl. Wartung, Betankung, Tarnung usw.). Er sichert das Gruppenfahrzeug zusammen mit anderen Kraftfahrern des Zuges. Auf Befehl des GRUPPENFÜHRERS bedient er das Funkgerät. Er kann vom GRUPPENFÜHRER andere Aufträge erhalten, wenn er nicht am Fahrzeug verbleiben muss. Wenn die Lage es erfordert, kämpft er mit seinem Gewehr.

Trupp 1 (MG-Trupp)

Der **Mann 1** kämpft als Gewehrschütze oder als Maschinengewehrschütze. Im abgesessenen Kampf führt er das Maschinengewehr mit, wenn der GRUPPENFÜHRER dies befiehlt. Auf dem Marsch bedient er das Maschinengewehr vom Kfz aus.

Der **Mann 2** kämpft als Gewehrschütze und unterstützt den Mann 1 bei der Vorbereitung und dem Einsatz des Maschinengewehrs und trägt das Zubehör.

Trupp 2 (Trägertrupp)

Der **Mann 3** fungiert als „Truppführer 2" und kämpft als Gewehrschütze. **Die Männer 4 und 5** werden von ihm persönlich und unmittelbar geführt. Er hält Verbindung zum GRUPPENFÜHRER. Er kann eine weitere Aufgabe haben (z.B. als Pionier eingesetzt werden).

Die **Männer 4 und 5** kämpfen als Gewehrschützen. Sie tragen die Kampfmittel der Gruppe und führen auf Befehl die PzFst nebst Munition/Zubehör mit. Wenn die Lage es erfordert, bedienen sie auch die PzFst.

Trupp 3 (Panzerabwehrtrupp)

Der **Stellvertretende GRUPPENFÜHRER** fungiert als „Truppführer 3". Die Männer 6 und 7 werden von ihm persönlich und unmittelbar geführt. Er hält Verbindung zum GRUPPENFÜHRER. Wenn die Lage es erfordert, führt er einen Teil der Gruppe oder die gesamte Gruppe. Er kämpft mit dem Gewehr und/oder der Granatpistole.

Der **Mann 6** kämpft als Gewehrschütze. Er bedient, wenn die Lage es erfordert, die Panzerfaust. Der **Mann 7** kämpft ebenfalls als Gewehrschütze oder unterstützt den Mann 6 beim Bedienen der PzFst.

Die hier vorgestellte Aufgabenverteilung ist eine mögliche Variante. Die so gegliederte Gruppe ist personell verhältnismäßig stark und verfügt über eine beträchtliche Feuerkraft, unterstützt durch ein MG im Kaliber 7,62 x 51 mm. Zudem erlaubt die Bewaffnung eine hohe Selbständigkeit bei der Auftragserfüllung. Der GRUPPENFÜHRER kann, bedingt durch die Gliederung in drei Trupps, die Gruppe leicht führen. Doppelfunktionen kommen wenige auf – beispielsweise beim Bedienen des Funkgerätes. Sanitäter sind in der Gruppe nicht vorgesehen. Eine umfängliche Sanitätsausbildung jedes Mannes erscheint ohnehin zweckmäßig. Wichtig ist, soviel sei vorweg genommen, dass im Kampf, auch im Falle der Verletzung, weiter gekämpft und sich zunächst weniger um den Verletzten gekümmert wird. Dies muss er zunächst einmal selbständig leisten [siehe hierzu auch HOFFMANN 2007].

Lage und Auftrag können es erfordern, dass die Gruppen personell und materiell anders aufgestellt werden. Eine Variante wird von GOTTSCHE [2009] aufgezeigt.

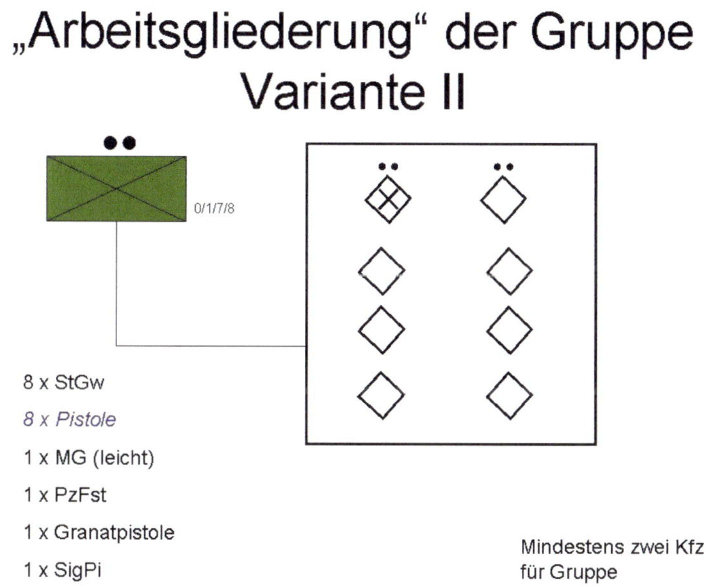

Abbildung 3-6: Darstellung einer Gruppengliederung in Anlehnung an GOTTSCHE [2009]

In Abbildung 3-6 wird eine personell schwächere Gruppe dargestellt. Diese gliedert sich in zwei Trupps. Sie ist dadurch deutlich leichter zu führen. Sie kann mit einem, aber auch mit zwei (leichten) Kfz beweglich gemacht werden, was ihr weitere Einsatzmöglichkeiten bietet. Zu berücksichtigen ist jedoch die bei Gruppen solchen Typs inzwischen eher leichtere Gruppenbewaffnung. Sie besteht in der Regel aus einem MG Kaliber 5.56 x 45 mm und nur einer PzFst. Zudem stoßen leichte Kfz schnell an ihrer Kapazitätsgrenzen, wenn die Trupps ihre Kfz mit Vollausstattung (Kampfbeladung) versehen und ggf. zusätzliches Material mitführen möchten (Wasser, Betriebsstoff, Kampf- und Sprengmittel, weitere automatische Waffen…). Der Fall, dass die Gruppe durch den ZgTrp verstärkt werden muss, kann wegen der schwächeren Bewaffnung und des geringeren Personalumfanges früher eintreten. Zudem steigt bei dieser Gruppe die Notwendigkeit, Männer mit „Doppelfunktion“ (Kraftfahrer, Funker) zu belegen.

Alles in allem ist die Gruppenstärke- und –gliederung stets abhängig vom zu erfüllenden Auftrag. Ein generelles „Richtig“ oder „Falsch“ gibt es nicht.

Dennoch erscheint es zweckmäßig, die Entwicklung kritisch zu verfolgen. Dies gilt für die Anbindungskonzepte und daraus resultierende Abhängigkeiten an das Gruppenfahrzeug und den Trend, die Gruppenstärken noch weiter zu reduzieren. Bei den Kfz bietet die Industrie inzwischen eine Vielzahl von Modellen an, die einen unterschiedlichen Schutzgrad und unterschiedliche Leistungsspektren aufweisen. Sie reichen vom Führungsfahrzeug über Transportfahrzeuge bis zum Sonderfahrzeug [WITZENDORF 2009]. Hinzu kommt das Spektrum der Gefechtsfahrzeuge und deren Anbindung an ihre Einsatzkräfte. KLOS [2009] berichtet davon, dass die Fahrzeuganbindung bei der Infanterie zunehmend enger wird. Demnach entwickeln sich die Fahrzeuge nicht zuletzt infolge der hohen technischen Abhängigkeit zwischen Kfz und Gruppe zur „Versorgungsbasis“. Gleichzeitig besteht die Forderung, dass die Gruppe bis zu 10 km abgesetzt vom Kfz operieren kann und dies bis zu 72 Stunden!

Umso kritischer ist die „Kleingruppe“ mit evtl. 2 Kfz und damit 2 Kraftfahrern zu beurteilen, da diese in der Regel das Fahrzeug nachführen müssen, wenn die Gruppe es während oder nach dem Gefecht benötigt. In oben genanntem Fall wäre die Absitzstärke damit auf nur noch 6 Infanteristen reduziert, soll die Gruppe nicht ohne die Möglichkeit agieren, auf Befehl und verzugslos auf das Kfz zurückgreifen zu können. Es sein denn, die Anlandung erfolgt auf andere Art und Weise (Helikopter, Fallschirm), was für die „Durchschnittsinfanterie“ nach wie vor die Ausnahme ist.

3.2.2 Materielle Ausstattung der Gruppe

Nachfolgend wird eine Zusammenstellung der zweckmäßigen Ausstattung, die neben den Waffen mitgeführt werden kann, kurz umrissen. Dabei werden keine Stückzahlen genannt. Wenn nicht anders befohlen, sollte stets davon ausgegangen werden, dass der Auftrag 24 Stunden ausgeführt werden können muss! Die Hinweise gelten nach „europäischen Maßstäben". Je nach Einsatzregion muss die Ausstattung angepasst werden. Es ist stets ins Kalkül zu ziehen, das Material beschädigt werden kann. Bei der Beschaffung ist mit zu berücksichtigen, dass Verbrauchsmaterial etc. einfach ersetzt werden kann – je „exotischer" die materielle Ausstattung ist, umso schwieriger wird die Ersatzbeschaffung im Einsatz.

Kfz-Ausstattung

Kfz- Werkzeugsatz nebst einigen Standardersatzteilen, Bügelsäge, Axt, Drahtschere, Spaten, Kreuzhacke, Schaufel, Ketten, Seile, Greifzug, Brechstange, Vorschlaghammer, Tarnnetz (einschl. Stützmaterial), Wurfanker, Schneeketten, Sandbleche.

Führungsmittel

Funkgeräte, Entfernungsmesser, Nachtseh-Zielfernrohre, Nachtsehbrillen, Taschenlampen, Kopflampen, Entfernungsmesser, GPS-Gerät, Foto-/Videokamera, Marschkompass, Doppelfernglas mit Strichplatte, Kartenmeldetasche.

Verbrauchsmaterial

Wasser, Verpflegung, Treibstoff und Verbrauchsgüter (z.B. Batterien) für die Führungsmittel, das Kfz oder den normalen täglichen Bedarf (Isolierband, Draht usw.). Gerade der Einsatz von elektronischen Geräten lässt den Batteriebedarf enorm ansteigen.

Kampfmittel

Bei der Munition sollte Leuchtspurmunition sowie Signalmunition unterschiedlichen Typs reichlich mitgeführt werden. Hinzu kommen Granaten, einschließlich Handgranaten, Munition für Panzerfäuste und pyrotechnische Mittel. Splitterschutzwesten sollten ebenfalls mitgeführt werden.

Alles in allem ist ein Kfz mit dieser Ausstattung meist bis an sein Limit gefordert. Kommen weitere Ausrüstungsgegenstände hinzu, wird selbst ein PS-starkes Kfz schnell zur „lahmen Ente". Gerade deshalb ist die Beladung stets auf ihrer Zweckmäßigkeit zu betrachten und das schnelle Be- und Entladen des Kfz ist genauso zu üben wie das Auf- und Absitzen oder das Fahren des beladenen Kfz. Dies sollte auf der Straße, auf Pisten und auch im Gelände geschehen.

Wenn ein Drittel der Munition oder zwei Drittel des Betriebsstoffes verbraucht sind, meldet der GRUPPENFÜHRER dies unaufgefordert dem ZUGFÜHRER.

3.2.3 Kommunikation

Die Kommunikation bzw. die Kommunikationswege innerhalb der Gruppe aber auch zwischen der Gruppe und dem Zug müssen eindeutig geregelt sein, um Informationsbrüche zu vermeiden. Gleichzeitig muss sichergestellt werden, dass die einzelnen Führungsebenen nicht mit einer Informationsflut eingedeckt werden, die sie vom Geschehen eher ablenkt als sie unterstützt.

Die Kommunikationsmittel (z.B. Funkgeräte, Mobiltelefone, Satellitentelefone und/oder Handys usw.) müssen über eine der Lage entsprechende Leistungsfähigkeit und Robustheit verfügen, abhörsicher sein und auf ein sicheres Netz bzw. sicherere Übertragungstechnologie zurückgreifen.

Grundsätzlich werden im Gespräch Informationen aus den Bereichen

- Truppen-/Einheitsbezeichnungen,
- Ortsangaben,

- Zeitangaben,
- Zahlenangaben

nicht im Klartext gesprochen, sondern verschleiert. Diese Begriffe werden zuvor festgelegt und auf einer „Sprechtafel" festgehalten. Diese Sprechtafel wird in unregelmäßigen Abständen, spätestens jedoch nach 24 h ausgetauscht [siehe hierzu auch DER REIBERT 2003, 2009; BELLMANN & SCHRADER 2001].

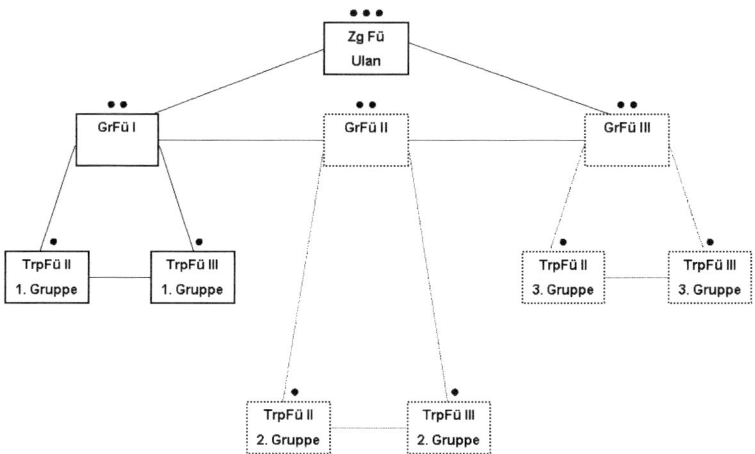

Abbildung 3-7: Funkkommunikationsschema eines Infanteriezuges

In der Abbildung 3-7 wird eine Möglichkeit der Kommunikationsbeziehung innerhalb der Gruppe und zwischen Gruppe und Zug dargestellt. Daraus geht hervor, dass der ZUGFÜHRER und seine GRUPPENFÜHRER auf einem gemeinsamen Funkkreis (Kanal/Frequenz) kommunizieren. Jeder GRUPPENFÜHRER kann mit jedem anderen GRUPPENFÜHRER und dem ZUGFÜHRER sprechen und diese auch hören. Dadurch ist er in der Lage, das Geschehen des Nachbarn mit zu verfolgen.

Innerhalb der Gruppe arbeiten der GRUPPENFÜHRER und seine TrpFü wiederum auf einem gemeinsamen, aber anderen Funkkreis (Kanal/Frequenz). Nicht enthalten in dem Schema ist die Kommunikationseinbindung des Kfz in den gruppeninternen Funkreis.

Diese Vorgehensweise bedeutet:

- Die Zuweisung von Kanälen und Frequenzen erfolgt im Vorfeld des Einsatzes. Diese werden praktischerweise auf der Sprechtafel mit eingetragen.
- Die Ausstattung mit ausreichend Kommunikationsmitteln ist eine wichtige Voraussetzung für die Auftragserfüllung. Rein auf Funkgeräte bezogen benötigt die Gruppe 5 Funkgeräte. Insofern dient eine solche Sprechtafel auch dazu, zu ermitteln, wie viele Geräte welchen Typs benötigt werden.
- Der GRUPPENFÜHRER verwendet zwei Stück (er hört auch auf zweien – auf dem gruppeninternen Kreis und auf dem Führungskreis des ZUGFÜHRER).
- Die beiden TrpFü und der Kraftfahrer verwenden jeweils ein Funkgerät. Der Kraftfahrer insbesondere deshalb, als dass die Gruppe nicht selten abgesetzt von ihm ihren Auftrag ausführt. Er muss aber über die Situation der Gruppe informiert sein und ggf. auf Befehl des GRUPPENFÜHRER seinen Standort verändern können, um die Gruppe beispielsweise an einem Aufnahmepunkt aufnehmen zu können.

Diese Ausstattung erfordert zudem die ständige Versorgung mit Batterien bzw. Akkus. Bei der Auswahl der Geräte ist daher zusätzlich darauf zu achten, dass diese Versorgung auch im Einsatz unter entsprechend primitiven Bedingungen gewährleistet ist. Werden Satellitentelefone bereitgestellt, ist deren Funktion in der Sprechtafel (Telefonnummern, Kommunikationsbeziehungen etc.) ebenfalls abzubilden.

4 Gruppe und Zug im Feuerkampf

In diesem Kapitel werden Grundsätze des Feuerkampfes und der Einsatz von Waffen erklärt. Dies ist aus zwei Gründen wichtig. Es kann nur derjenige die Grundsätze anwenden (und von ihnen abweichen), der sie kennt. Und wir sollten auf alle Fälle davon ausgehen, dass der Gegner sie kennt und anwendet. Daher dient dieses Kapitel auch dazu, ein Grundverständnis dafür zu erlangen, wie der Gegner mit seinen Waffen auf uns einwirken wird und welche Handlungsoptionen er dabei hat. Feuerkampf ist niemals Selbstzweck. Vielmehr ist mit ihm beabsichtigt,

- den Gegner niederzukämpfen oder
- ihn in Deckung zu zwingen und niederzuhalten,
- in seiner Aktion nachhaltig zu stören und
- um den eigenen Kräften Bewegungen zu ermöglichen.

Einen Feuerkampf allein um des Feuerkampfes willen gibt es demnach nicht. Es gibt keine Bewegung ohne Feuer und es gibt kein Feuer, das nicht durch Bewegung ausgenutzt wird. Dieses Prinzip von **„Feuer und Bewegung“** muss ständig geübt und verinnerlicht werden – es ist regelrecht die Grundlage jeglichen Feuerkampfes. Feuerkampf bedeutet „Arbeitsteilung“. Arbeitsteilung zwischen den Waffensystemen, die unterschiedliche Munition nach unterschiedlichen Prinzipien (Steilfeuer, Flachfeuer) in unterschiedlichen Entfernungen an den Gegner bringen. Arbeitsteilung aber auch zwischen den Männern. Feuerkampf besteht aus Waffe bedienen, Munition verteilen, Gelände beobachten, sich bewegen, dabei z.B. Brände löschen, Verbindung halten, oder gar (wenn die Lage es zulässt) Verwundete versorgen. Die Gruppe führt den Feuerkampf entweder selbstständig oder im Rahmen des Zuges. Die nachfolgenden Aussagen gelten daher für Gruppe und Zug gleichermaßen.

Die Vorbereitungen für den Feuerkampf trifft die Gruppe in der Deckung. Dazu weist der GRUPPENFÜHRER Ziele zu und erteilt die Feueraufträge. Er befiehlt den vorgesehenen Munitionseinsatz, lässt die Gruppe in Stellung gehen und das Feuer eröffnen. „In Stellung“ muss dabei nicht bedeuten, dass sich die Männer in einem Stellungssystem befinden, also fest an einem Platz gebunden sind. Es heißt viel mehr, dass der Mann aus einer Stellung heraus kämpft und sich möglichst nicht offen bzw. deckungslos zeigt. Dieser Feuerkampf kann auch auf dem Marsch, beim Spähtrupp, auf- und abgesessen vom Kfz stattfinden. Demnach müssen die Männer ihre Waffen wie die übrige Ausstattung im Gruppen- und Zugverbund in den verschiedensten Szenarien bei Tag und Nacht auf- und abgesessen sicher handhaben können. Wertvolle Hinweise zur Ausbildung der Männer und über die Wahl der Stellungen liefern unter anderem RITZ & KRIEGER [1997].

Die Männer, einschließlich ihr GRUPPENFÜHRER, überprüfen während des Feuerkampfes anhand des Gegnerverhaltens die Lage und Wirksamkeit ihres Feuers und beobachten die Geschosseinschläge. Das Feuer der Gruppe ist wirksam, wenn wenige Einschläge vor und viele hinter dem Gegner zu beobachten sind.

Die Munition der Männer ist ein stets „knappes Gut“ und spielt eine entscheidende Rolle über den Erfolg im Feuerkampf. Der GRUPPENFÜHRER muss deshalb den Munitionseinsatz scharf überwachen. Alle Männer müssen stets wissen, über wie viel Munition sie verfügen und wann, wo und wie sie sie ergänzen können. Ist Munition knapp, teilt der GRUPPENFÜHRER diese bestimmten Männer (z.B. den zuverlässigsten Schützen und/oder den wichtigsten Waffen) zu.

Der GRUPPENFÜHRER muss jederzeit die Einsatzbereitschaft der Waffen seiner Gruppe sowie die Stärken und Schwächen seiner Männer kennen.

Vor dem Kampf und in den Kampfpausen lässt er stets die Waffen überprüfen, insbesondere deren Zieleinrichtungen, Rohre und Justierung, Munition und Kampfmittel. Er prüft die Munitionsverteilung und achtet darauf, dass niemand „alleine“ kämpft, sondern sich die Männer im Kampf gegenseitig unterstützen. Es kann zweckmäßig sein, neuen und unerfahrenen Männern im Kampf erfahrene, besonnene Männer zur Seite zu stellen.

Jeder Mann achtet darauf, dass zuerst die Ziele bekämpft werden, die an der Erfüllung des Auftrages am stärksten hindern, bzw. am gefährlichsten sind. Hierzu zählen beispielsweise gepanzerte Kampffahrzeuge, Maschinengewehre, Granatmaschinenwaffen und Scharfschützen des Gegners.

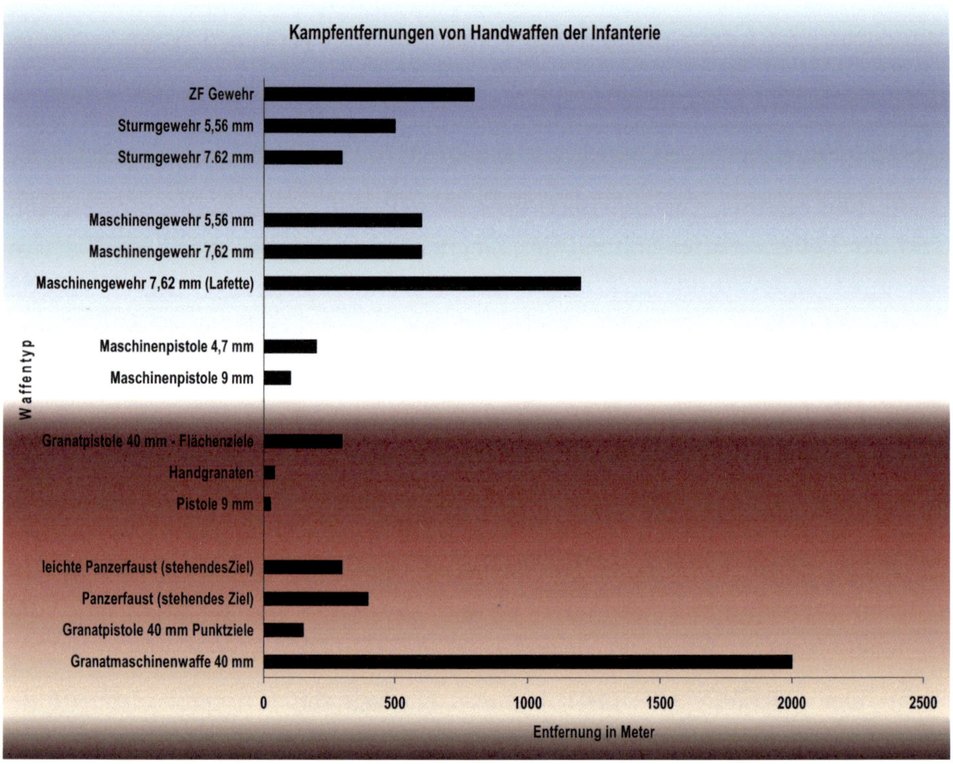

Diagramm 4-1: Kampfentfernungen der Handwaffen moderner Infanterie

Diagramm 4 -1 zeigt die unterschiedlichen Entfernungsspektren der Infanteriewaffen. Die Kenntnis hierüber und über Anwendungsgrundsätze ist Voraussetzung, um im Gefecht zu bestehen. Falsch eingesetzt, sind die Waffen in ihrer Wirkung deutlich vermindert oder im schlimmsten Falle wertlos. Der

Misserfolg des Einsatzes, einschließlich unnötiger Toter und Verwundeter in den eigenen Reihen, kann die Folge sein.

4.1 Einsatz der Pistole

Die Rolle der Pistole im Einsatz ist zwiespältig. Ihr wird, je nach Blickwinkel, Auftrag und Erfahrung des Waffenträgers mal mehr, mal weniger Bedeutung eingeräumt. RIEDEL [1992] berichtet, dass dem österreichischen Soldaten 40 Patronen für die Grundausbildung, 8 weitere pro Jahr für die Erhaltung der erworbenen Fähigkeiten zur Verfügung haben. GOTTSCHE [2009] schreibt von Lehrgängen der Bundeswehr, bei denen der Soldat im Rahmen der Einsatzvorbereitung 3000 Patronen verschießt. Demnach hat die Bedeutung der Pistole, zumindest bei der Bundeswehr, einen deutlich anderen Stellenwert – im Angesicht des Einsatzes. Die Pistole ist Nahkampfwaffe und Zweitwaffe, wenn das Sturmgewehr oder die andere Primärwaffe nicht mehr zum Einsatz kommen kann oder der beengte Raum dies nicht zulässt. Gerade Personenschutzkräfte und Kräfte, die nahe am Klientel arbeiten (im Rahmen von Kontrollpunkten, Gesprächsaufklärung, CIMIC usw.) sollten die Pistole wie eine Primärwaffe beherrschen. Kommt sie zum Einsatz, befindet sich der Angreifer in Nahdistanz. Auf die Ausbildung an ihr und mit ihr ist hohes Augenmerk zu legen, nicht zuletzt wegen des großen Schwenkbereiches der Mündung und der daraus resultieren Risiken für eigene Kräfte [siehe hierzu HOFFMANN 2007, HÜBNER 1998, SCHWARZENBACH 2001, WINKELSDORF 2004, RIEDEL 1992, EDELMAIER 2008, BOGER 1983, 1986]. Da sie im Fahrzeug nur schwer bzw. mit Zeitverzögerung aus dem Holster gezogen werden kann, kann es zweckmäßig sein, Holster (z.B. moderne Kydexholster) fest im Kfz in Greifnähe zu montieren. Wird auf das Kfz aufgesessen, kann die Waffe dort verstaut, aber auch schnell gezogen werden.

4.2 Einsatz der Maschinenpistole

Noch vor nicht langer Zeit wurde die Maschinenpistole quasi totgesagt bzw. ihre Vorrangstellung im militärischen Alltag nicht länger gesehen [siehe hierzu BOGER 1983]. Reduziert man die MPi auf die Rolle der „Munitionsspritze“, ist das sicher richtig. Auch nimmt sie nicht die Stellung des Gewehrs ein; meist ist sie nicht in der normalen Gruppenausstattung enthalten. Gleichwohl ist die MPi nach wie vor die Waffe der Kfz-Besatzungen, Geschützbedienungen, Stäbe, Personenschützer usw. also immer dort, wo Platzmangel herrscht. Die MPi ist eine Waffe, die meist im Nahkampf eingesetzt wird. Sie bietet den Vorteil der hohen Feuerkraft bei gleichzeitiger Präzision, so es sich beispielsweise um eine MP 5 handelt (gerade beim schnellen Einzelfeuer), bei deutlich höherer Kampfentfernung und Stoppwirkung als die Pistole. Sie ist auf engem Raum oder vom Kfz aus leichter zu handhaben (führiger) als das Gewehr. Die neuesten Entwicklungen aus dem Hause Heckler & Koch (Universal Maschinenpistole UMP und MP 7) zeigen, dass dieser Waffentyp seine Daseinsberechtigung und seinen Markt hat, wenn man ihn entsprechend weiter entwickelt.

Dem unter 4.1 beschriebenen Personenkreis der Personenschützer, Kraftfahrer, Geschützbesatzungen, aber auch Zugriffskräften bietet sie daher enorme Vorteile bezüglich der Einsatzbreite und Durchsetzungsfähigkeit gegenüber gegnerischen Kräften. Dies wurde beispielsweise durch die Modifikation der Munition (Kaliber 4,7 mm) erreicht, die eine deutlich höhere Penetrationsleistung als die klassische 9 mm Patrone aufweist. Dennoch hat auch dieses Kaliber nach wie vor seinen Platz. Daher kann die MPi eine wichtige Rolle beim Zusammenwirken der Waffen innerhalb der Infanteriegruppe spielen.

4.3 Einsatz des Gewehrs

Das Gewehr dürfte die alltäglichste und vielseitigste Waffe im Einsatz sein. Gemeint ist damit das Sturmgewehr/Selbstladegewehr. Die Männer bekämpfen mit ihren Gewehren den Gegner im Rahmen ihrer Kampfentfernung. Taktisch sind Gewehrschützen so einzusetzen, dass sie die flankierend eingesetzten (Schwerpunkt-) Waffen abdecken. Ihren Sektor müssen sie mit ihrem Feuer beherrschen. Wenn in Abbildung 4-1 der Eindruck entsteht, dass Gewehre im Kaliber 5,56 mm (.223) eine größere Kampfentfernung haben, als diejenigen im Kaliber 7,62 mm (.308), so ist das erläuterungsbedürftig. Die Steigerung hat weniger etwas mit dem anderen Kaliber und den damit verbundenen ballistischen Leistungsdaten als mit der Tatsache zu tun, dass die Gewehre kleineren Kalibers meist jüngeren Fertigungsdatums und daher serienmäßig mit optischen Visieren ausgestattet sind. So ist es mit einem H&K G3 sehr wohl problemlos möglich, Brustziele auf 650 m erfolgreich zu bekämpfen, wenn es mit einem 6fach ZF ausgestattet ist.

Stets sollte der Gegner vor allem mit dem Gewehr auf größere Entfernung durch Präzisionsschüsse bekämpft werden. Gleichwohl eignet sich das Gewehr auch für den Kampf auf kurze Entfernung.

Dauerfeuer wird nur in höchster Not geschossen – also beispielsweise beim Sturmabwehrschießen. In diesem Falle handelt es sich jedoch bestenfalls um kurze Feuerstöße von 3 bis 4 Schuss auf kurze Distanzen. Der Munitionsverbrauch steigt dabei exorbitant – nicht jedoch zwangsläufig die Wirkung im Ziel. Schnelles Einzelfeuer ist demnach auch beim Sturmabwehrschießen meist weitaus Ziel führender und gefährdet Unbeteiligte wie eigene Kräfte deutlich weniger. BOGER [1984] berichtet von durchschnittlich bis zu 50.000 Schuss Munition für einen „besiegten" vietnamesischen Soldaten (Vietcong). Als Grund nennt er das unreflektierte Schießen von Dauerfeuer.

Nicht selten sieht man Aufnahmen in den Medien, bei denen „Kämpfer" im Rahmen des Sturmabwehrschießens selber in der Stellung abhocken, die Mündung der in der Längsachse um 90 Grad gedrehten Waffe über die Stellungsbrüstung (Deckung) halten, mit dem Daumen den Abzug betätigen und damit versuchen, in die Stellung einbrechenden Gegner abzuwehren. Tatsächlich schlägt die so verschossene Munition meist schon nach wenigen Zentimetern wirkungslos im Boden ein. Auch widerspricht dies dem Grundsatz, nur dann zu schießen, wenn der Gegner eindeutig identifiziert ist. Sonst werden evtl. Dritte, zum Beispiel zum Gegenstoß angetretene Kameraden, gefährdet. Zudem kann, wenn das Auswurffenster jetzt direkt nach oben zeigt, der Hülsenauswurf erschwert und eine Störung der Waffe die Folge sein.

Mit dem Sturmgewehr kann auf- und abgesessen gekämpft werden. Vor bzw. bei dem aufgesessenen Kampf ist es zweckmäßig, Gewehrauflagen auf dem Kfz, z. B. mit Sandsäcken, vorzubereiten. Dies ist bei Fahrzeugen vom Typ UNIMOG oder bei gepanzerten Kfz wie beispielsweise Schützenpanzern möglich. Auf handelsüblichen Geländewagen mit Dachluke oder als Cabrio-Version können der Überrollbügel oder umgebaute Halterungen als behelfsmäßige Gewehrauflagen genutzt werden. Beim Schießen aus oder von Fahrzeugen ist die gegenseitige Gefährdung hoch. Bei einer auf dem Kfz aufgelegten Waffe zeigt die Mündung schnell unbemerkt z.B. in eine Luke oder auf das Fahrzeugdach, obwohl die Visierlinie scheinbar frei ist. Dadurch besteht die Gefahr, dass Geschosse die übrige Fahrzeugbesatzung gefährden. Der Feuerkampf vom Kfz (mit dem Gewehr und den übrigen Waffen) muss daher intensiv (vor-) geübt werden. Insbesondere kommt es dabei darauf an, dass im eigenen Beobachtungsbereich mit den Waffen gewirkt wird und ständige Absprache und das Austauschen von Beobachtungen zwischen den Männern erfolgt.

Wird mit „handelsüblichen, ungeschützten Kfz" (z.B. Mercedes G, Landrover) marschiert, ist der Feuerkampf vom Kfz schwierig. Solche Fahrzeuge sind eng, die Ausrüstung behindert die Männer und Gewehre sind (trotz abklappbarer oder einschiebbarer Schulterstützen) sperrig. Hinweise zum Feuerkampf mit dem Gewehr vom Fahrzeug aus liefert BOGER [1986].

Es kann zweckmäßig sein, Rechtsschützen auf die linke Seite des Kfz zu setzen, Linksschützen auf die rechte Seite, damit sie leichter ihre Waffen in Anschlag bringen können (das gilt übrigens auch für die Pistole und die Maschinenpistole).

Sitzen Rechtsschützen auf der rechten Seite, schlagen sie ihren rechten Unterschenkel unter die linke Kniekehle, dann können sie sich leichter nach Rechts drehen und mit ihrer Waffe nach außen wirken. Linksschützen auf der linken Seite verfahren sinngemäß.

Spätestens hier wird klar, dass MP und Pistole, je nach Auftrag und Szenario, wegen ihrer Führigkeit sehr wohl ihre Berechtigung haben und aus dem Alltag des Einsatzgeschehens nicht wegzudenken sind.

Der Einsatz von Leuchtspurmunition hat sich in der Vergangenheit immer wieder bewährt. Gleichzeitig gibt es Beispiele für ihren unzweckmäßigen Einsatz, wenn z.B. von allen Soldaten ausschließlich oder jede 2. Patrone im Magazin mit Leuchtspur geladen wird [siehe hierzu auch ARBEITSGEMEINSCHAFT TRUPPENDIENST 2001]. Nicht nur, dass durch diesen massiven Einsatz die Leistungsfähigkeit von Nachtsehgeräten beeinträchtigt werden kann, die eigene Position wird hierdurch leicht aufklärbar.

Zweckmäßig kann es demnach sein,

- maximal jeden 3. Schuss als Leuchtspur zu laden oder
- vorzugsweise Waffen mit Nachtsehgeräten mit Leuchtspur zu versehen, damit diese das Feuer der anderen Schützen durch Richtungsschüsse lenken oder
- die Leuchtspur als „Füllstandsanzeige“ zu verwenden.

Letzteres funktioniert, indem jeweils zwei Leuchtspurpatronen so eingefüllt werden, dass sie „Voll“, „Halbleer“ und „noch 4 – 5 Patronen im Magazin“ anzeigen, damit der Magazinwechsel eingeleitet werden kann, bevor die Waffe leer geschossen wurde. Dabei bleibt zu beachten, dass am Tag die Leuchtspur nicht immer eindeutig sichtbar ist, dieser Effekt also nicht immer so deutlich wird. Da wegen des Gefechtstresses der Mann weder auf den Füllstand seines Magazins in der Waffe achten (obwohl sie inzwischen transparent sind) noch die verbrauchte Munition mitzählen wird, kann dies eine zweckmäßige Alternative sein, ein Leerschießen zu verhindern.

4.4 Einsatz des Maschinengewehrs

Das Maschinengewehr (MG) ist eine Flachfeuerwaffe mit hoher Feuergeschwindigkeit. Gerne wird dogmatisch auf den flankierenden Einsatz des MG verwiesen. Dies ist jedoch nur „die halbe Wahrheit". Das MG kann z.B. nicht immer flankierend eingesetzt werden, z.B. wenn es vom Kfz zum Einsatz kommt. EDELMAIER [1997] hat sich umfänglich mit dem Begriff des flankierenden Einsatzes des MG auseinandergesetzt. Der zweckmäßige Einsatz des MG bedarf demnach der Erläuterung.

Entscheidend ist, dass mit der Waffe ein Raum/Bereich mit Feuer beherrscht werden soll und dass die Wirksamkeit der Waffen bestmöglich ausgenutzt wird. Dies gilt besonders für das MG! Die Idee des „flankierenden Einsatzes" des MG wird dann logisch, wenn man sich die Stellungen der Gruppe insgesamt als ein großes „L" vorstellt. Diese „L-Formation" hat unter anderem den Vorteil, dass sich die Teile der Gruppe nicht gegenseitig durch Feuer gefährden, sondern der Raum gefahrlos mit sich kreuzendem Feuer beherrscht wird. Greift der Gegner in einer „geöffneten Ordnung" die Stellungen der Gruppe mehr oder weniger frontal an und wirkt das MG flankierend vor die eigene Gruppe als auch den angreifenden Gegner, entfaltet es tatsächlich die höchste Wirkung. Denkt man sich die Flugbahn eines Geschosses als eine Linie – so führt diese Linie durch mehrere Gegner hindurch.

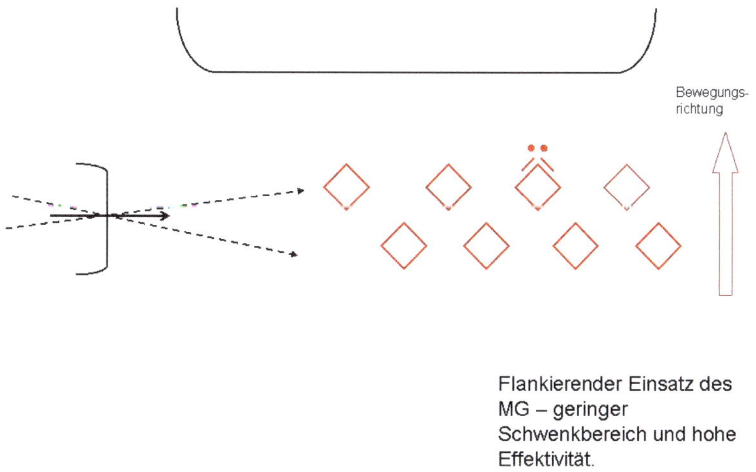

Abbildung 4-1: Zweckmäßiger Einsatz des MG. Die Stellungen der eigenen Gruppe (schwarz) sind in L-Form angelegt

Abbildung 4-1 zeigt das Prinzip des flankierenden Einsatzes. Der sich im Schützenrudel nähernde Gegner wird vom MG effektiv bekämpft – ein Projektil schneidet mehrere Ziele, der Raum wird beherrscht. Nicht in der Abbildung dargstellt ist, dass sich der MG-Schütze gegebenenfalls mit seiner Waffe auf die gegnerischen Schwerpunktwaffen konzentriert.

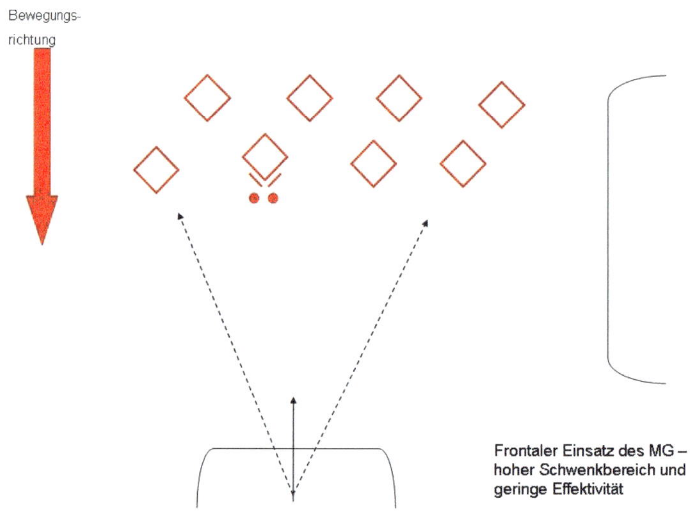

Abbildung 4-2: Frontaler und unzweckmäßiger Einsatz des MG

Abbildung 4-2 zeigt den unzweckmäßigen Einsatz eines MG. Zwar wirkt das MG flankierend vor die eigene Gruppe. Das MG muss aber einen weiten Schwenkbereich abdecken. Nur wenige Ziele werden von einer gedachten Geschossbahn geschnitten.

Der MG-Schütze bekämpft gegnerische Ziele in der Regel mit kurzen schnellen Feuerstößen. Keinesfalls darf es dazu kommen, dass MG- und Gewehrschützen dieselben Ziele bekämpfen [RIED 1996]. Das MG wird im Angriff flankierend eingesetzt, um den Gegner niederzuhalten. Dann gilt diese L-Form sinngemäß – nicht selten werden mehrere MGs in einer Deckungsgruppe zusammengefasst.

Es gibt aber durchaus Lagen, in denen der frontale Einsatz (im Verhältnis zum Angreifer gesehen) des MG Erfolg verspricht, beispielsweise im Hinterhalt, wenn sich der Gegner in Marschformation bzw. tief gestaffelt

(Schützenreihe) bewegt. Anders eingesetzt, ergibt sich ein weiter Schwenkbereich für den MG-Schützen und die gedachte Flugbahn der Projektile schneidet zudem nur wenige Gegner.

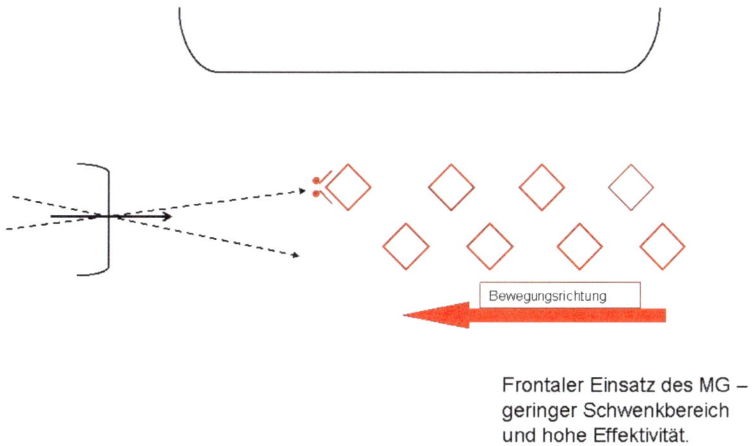

Abbildung 4-3: Frontaler Einsatz des MG im Verhältnis zum Gegner, beispielsweise im Hinterhalt

Aus der Abbildung 4-3 geht hervor, dass der frontale Einsatz des MG im Verhältnis zum Gegner zweckmäßig sein kann. Der sich in Linie annähernde Gegner wird durch das MG effektiv niedergehalten. Die Gewehrschützen bekämpfen die Einzelziele.

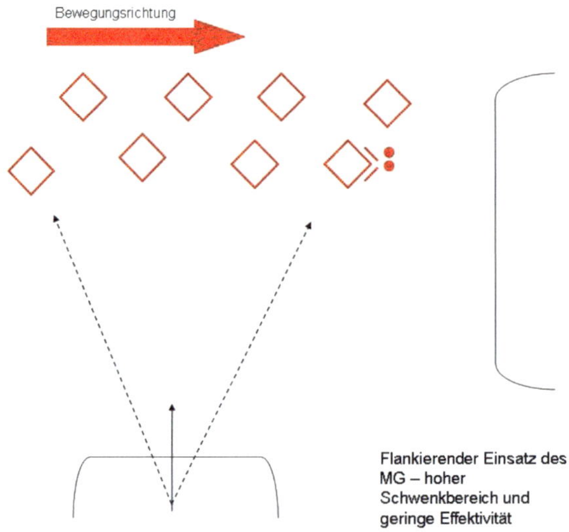

Abbildung 4-4: Unzweckmäßige Stellungswahl des MG im Hinterhalt

Die Abbildung 4-4 zeigt den unzweckmäßigen Einsatz des MG. Es vermag nicht, den Gegner vollständig niederzuhalten, da es einen weiten Schwenkbereich abdecken muss. Es kommt dazu, dass Teile des Raumes temporär nicht unter Feuer liegen.

Die Durchschlagskraft der Munition im Kaliber 7,62 mm und größer begünstigt den Einsatz im bebauten Gelände, in einem mit Bewuchs bedecktem Gelände und im Wald, im Gegensatz zum Kaliber 5,56 mm.

Wird das MG aus fester Stellung eingesetzt, sind stets Wechselstellungen zu erkunden und vorzubereiten. Dies auch, weil das eigene MG ein Primärziel für gegnerische Scharfschützen oder Handwaffen auf weite Entfernung ist. Der MG-Schütze wechselt, je nach Auftrag, auf Befehl oder selbständig in die Wechselstellung. Es kann zweckmäßig sein, ein MG als „Schweigewaffe“

abgesetzt oder gut getarnt zunächst zurückzuhalten. Erst wenn sein (überraschender) Einsatz maximalen Erfolg verspricht, kommt es zum Einsatz.

4.5 Einsatz des Präzisionsgewehrs

Mit Präzisionsgewehren werden sehr gute Schützen, hier ZF-Schützen genannt, ausgestattet. Gewehre dieser Art können durch Sturmgewehre mit 3fach Optik (z.B. H&K G 36) nicht ersetzt werden. Mit dem Präzisionsgewehr werden Primärziele bekämpft und zwar auf Distanzen bis jenseits der 500 m Grenze. Hierbei handelt es sich um Führungs- und Funktionspersonal, um gegnerische ZF- oder MG-Schützen usw. Der Einsatz von Präzisionswaffen gegen Kfz oder technische Einrichtungen ist Erfolg versprechend. Der Einsatz von ZF-Schützen zur Überwachung von Sicherungsaufgaben (Kontrollposten, Checkpoint etc.) hat sich in der Praxis bewährt. Dabei kann der Einsatz offen (Show of Force), aber auch verdeckt geschehen. Häufig werden ZF-Schützen-Trupps, mit Funkgeräten und starken Ferngläsern ausgestattet, als Beobachter eingesetzt. Der Einsatz von Präzisionsgewehren kann helfen, Verluste beim Gegner, aber auch bei Unbeteiligten auf ein Mindestmaß zu reduzieren.

Bei dem ZF-Schützeneinsatz kann es sich um einen „Scharfschützeneinsatz" der klassischen Art handeln, bei dem die Männer durchaus autonom agieren. Möglich ist jedoch auch der eng an den Zug oder die Gruppe gebundene Einsatz. Insbesondere die enge Bindung an die Gruppe schränkt die Handlungsfreiheit der ZF-Schützen ein. Gleichzeitig sind sie stets mit ihren Waffen präsent und können in Angriff und Verteidigung hervorragende Ergebnisse für die Gruppe liefern. Dies geschieht, indem sie die Handlungen der eigenen Gruppe mit ihren Waffen sichern, Primärziele des Gegners herausschießen und Feuerschwerpunkte bilden. Mit Leuchtspurmunition können sie bei Nacht das Feuer der eigenen Gruppe durch Richtungsschüsse lenken. Sie erhalten ihre Aufträge jeweils von ihrem GRUPPENFÜHRER. Sie sollten paarweise eingesetzt werden und stets mindestens eine MPi mit sich führen. Bei der engen Bindung an die Gruppe besteht dabei die Gefahr, dass diese Männer unter ihrem taktischen Wert eingesetzt werden.

An den Zug (ZgTrp) angegliedert handeln ZF-Schützen gemäß dem Auftrag des ZUGFÜHRERS. Sie werden in der Regel paarweise eingesetzt. Oft erhalten sie Aufträge, die sie abseits und selbständig erfüllen müssen. Im Angriff können sie zu Unterstützung der Deckungsgruppe eingesetzt werden oder mit anderen ZF-Schützen zu einem selbständigen Deckungselement zusammengefasst werden.

ZF-Schützen kämpfen in der Regel aus einer Stellung heraus. Wechselstellungen sind stets zu erkunden. Der Feuerkampf vom Kfz ist die Ausnahme, ist dieser nötig, sollte der Motor des Kfz abgestellt werden (Vibrationen).

Hinsichtlich der Bewaffnung, Ausbildung und des Einsatzes von ZF-Schützen, integriert in die Gruppe oder als autonome Jäger, wird hier zur Vertiefung des Themas auf BOGER [1984], HÜBNER [1989], DDR [1967] und WACKER [2000] verwiesen.

4.6 Einsatz der Panzerfaust

Betrachtet man die mediale Berichterstattung, so fällt auf, dass, wenn überhaupt, die Bedrohung thematisiert wird, die sich aus der Allgegenwart von „Panzerbüchsen“ bzw. Panzerfäusten in den Krisenregionen für eigene Sicherheitskräfte ergibt. Dabei ist diese Bedrohung nicht neu. BOGER [1983] machte bereits darauf aufmerksam, dass Panzerfäuste zum Waffenarsenal des internationalen Terrorismus zählen. Die verheerende Wirkung von Panzerfäusten des Typs RPG 7, einschließlich des Abschusses von Hubschraubern, wurde von BOWDEN [2002] und der ARBEITSGEMEINSCHAFT TRUPPENDIENST [2001] nachdrücklich dargestellt. REIBERT [2009] weist auf den Einsatz der PzFst3 als Einsatzoption gegen Hubschrauber im Schwebeflug hin.

Auch im Personenschutz sind Angriffe mit PzFst nicht unbekannt. Ein viel beschriebenes Beispiel ist der Angriff auf Eduard Schewardnadse 1998. Gleichwohl wertet ein guter Teil der gängigen Personenschutzliteratur gerade diesen Fall nicht aus. Und das, obwohl der ein oder andere Verfasser von sich in Anspruch nimmt, auf den Personenschutz in In- und Ausland vorzubereiten [siehe hierzu SCHWARZENBACH 2003, PINCTON et al. 2000].

Die Kenntnis der Grundsätze beim Einsatz von PzAbwWaffen ist jedoch aus zwei Gründen wichtig. Wer die Grundsätze nicht kennt, kann diese nicht anwenden und daher im schlimmsten Falle nicht gegen überraschend auftretenden gepanzerten Gegner bestehen. Dessen Auftreten kann jedoch nicht ausgeschlossen werde. Gleichzeitig kann, wer die Grundsätze des Einsatzes nicht kennt, dieser Gefahr nur schwer begegnen.

Kräfte, die sich auf Kfz bewegen, im klassischen Krieg oder auch in Friedensmissionen, sind potenzielle Ziele von mit PzAbwWaffen ausgestatteten Angreifern. Wenn die auf den Kfz aufgesessenen Kräfte, egal ob zivil, polizeilich oder militärisch, diese Grundsätze nicht kennen, sind sie umso leichter Opfer solcher Angriffe. Dazu gehört, im richtigen Zeitpunkt abgesessen das Kfz zu begleiten, das Gelände auszunutzen oder die Fahrtstrecke schon frühzeitig hinsichtlich möglicher Plätze für Hinterhalte zu beurteilen.

Je nach PzFst-Typ liegt die maximale Reichweite gegen stehende Ziele zwischen 300 m und 400 m. Fahrende Ziele können mit PzFst älteren Typs bis 200 m, mit modernen PzFst bis 300 m bekämpft werden. Mit letzteren Typen kann auch aus geschlossenen Räumen (Mindestgröße beachten) heraus gekämpft werden. Beim Einsatz von PzFst ist stets die Rückstrahlzone zu berücksichtigen.

Die Stärke eines Kfz ist zunächst seine Geschwindigkeit und/oder sein Panzerschutz. Das eine kann gegen das andere bis zu einem gewissen Maß jeweils aufgewogen werden. Ein sich in Querfahrt bewegendes Ziel ist breit und daher leichter zu treffen, sofern es sich nicht zu schnell bewegt. Ein sich in Zufahrt/Wegfahrt befindliches Ziel bietet eine eher kleinere Silhouette. Gleichzeitig bewegt es sich für den Schützen scheinbar weniger oder langsamer. Ein stehendes Kfz ist auf alle Fälle höchst gefährdet. Will man ein Fahrzeug mit der PzFst bekämpfen, muss man demnach möglichst einen Moment abpassen, bei dem es sich möglichst langsam bewegt und/oder gezielt seine schwächste Stelle treffen. Gepanzerte Kfz haben meist einen extrem starken

Turm (rundum) sowie eine starke Wannenfront. An den Seiten ist die Wanne meist mittelstark geschützt, während das Heck geringen Schutz aufweist. Damit ergibt sich, dass der frontale Angriff mit PzAbWaffen gegen gepanzerte Fahrzeuge unzweckmäßig ist. Gegen ungepanzerte Fahrzeuge kann dagegen der frontale Einsatz durchaus Erfolg haben. Der Bekämpfungserfolg gegen (gepanzerte) Fahrzeuge sinkt dann, wenn der Gegner diese im Umkreis von 100 bis 200 m durch abgesessene Infanterie abschirmen lässt [HEERESAMT 2001].

Hieraus folgt beim Einsatz der Panzerfaust im Umkehrschluss, dass durch Gewehrschützen die Begleitinfanterie zu binden ist, während die Männer des PzAwTrp unter Ausnutzung der Höchstreichweiten ihrer Waffe die (gepanzerten) Kfz bekämpfen.

Die Panzerfäuste setzt der GRUPPENFÜHRER so ein, dass möglichst zwei Männer gleichzeitig ein (gepanzertes) Kfz flankierend bekämpfen können. Der GRUPPENFÜHRER erkundet zuvor Stellungen und Wechselstellungen für die Panzerfäuste. Nachdem das Kfz bekämpft wurde, beziehen die Männer unverzüglich eine Wechselstellung. Bei überraschend auftretenden (gepanzerten) Kfz bildet der GRUPPENFÜHRER einen „Panzervernichtungstrupp“, der das Kfz aktiv angreift. Diese Aufgabe übernimmt zunächst der Trp 3. Gerade um dem Trp das Gewinnen einer zweckmäßigen Stellung zu ermöglichen, ist ein geleiteter Feuerkampf notwendig, bei dem die Unterstützung durch die übrigen Männer der Gruppe mit ihren Waffen erfolgt.

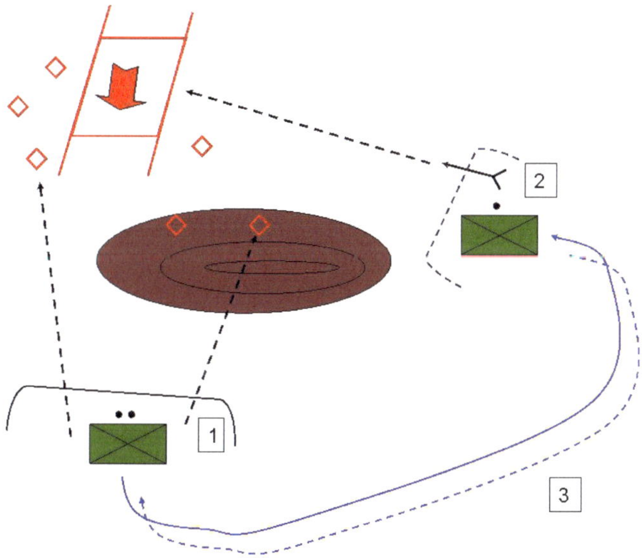

Abbildung 4-5: Prinzip des Einsatzes eines (beweglichen) Trupps gegen ein gepanzertes Kfz

In der Abbildung 4 – 5 wird das Prinzip eines (beweglichen) PzAbwTrps skizziert. Die Infanteriegruppe befindet sich in Stellung und erkennt ein (gepanzertes) Kfz nebst abgesessener Infanterie, das sich auf die Gruppe zu bewegt. Der GRUPPENFÜHRER bildet einen PzAbwTrp und erteilt dazu einen Befehl, der beispielsweise folgendermaßen lauten kann (Phase 1):

„PzAbwTrp! Gegnerisches gepanzertes Kfz vor eigener Stellung hinter Kuppe in Zufahrt – Sie bekämpfen selbständig aus erkundeter Stellung. Wir halten Infanterie nieder, sobald diese den Hügel passiert. Sie führen zwei PzFst mit! Danach zurück in diese Stellung. Marsch, Marsch!

MG- Trp – MG zunächst Schweigewaffe! Achtung auf gegnerische Deckungsgruppe, MG oder Granatmaschinenwaffe.

Träger-Trp, bekämpft auf meinen Befehl abgesessene Infanterie."

Der Trp 3 bewegt sich unter Ausnutzung des Geländes zügig und unerkannt in die Stellung und bekämpft das Kfz – evtl. sogar mit beiden PzFst gleichzeitig. Dabei hält der TrpFü stets Verbindung zum GRUPPENFÜHRER. Die Trps 1 und 2 überwachen derweil das Gelände. Mit Eröffnung des Feuers durch die PzFst auf das Kfz setzt schlagartig Gewehrfeuer ein, mit dem die gegnerische Infanterie niedergekämpft wird (Phase 2). Noch während die Trps 1 und 2 die Infanterie niederkämpfen, bewegt sich der Trp 3 zurück, es sei denn, die Lage erfordert seinen Verbleib in der Stellung (Phase 3). Demnach erfordert die Bekämpfung von (gepanzerten Kfz) die Umsetzung des Prinzips von Feuer und Bewegung.

Es sei an dieser Stelle ergänzt, dass sich die Verwendung von PzAbw-Waffen während des Falklandkrieges beim Führen von Gegenstößen gegen infanteristische Kräfte hervorragend bewährt hat.

4.7 Einsatz von Granaten/ Handgranaten/Nebelmitteln

Mit der Granatpistole wirkt man vor allem gegen Infanterie und ungepanzerte Fahrzeuge bis 350 m. Da sie nach dem Steilfeuerprinzip arbeitet, kann sie auch gegen den Gegner wirksam eingesetzt werden, wenn sich dieser in oder hinter einer Deckung befindet.

Mit Handgranaten setzt sich die Gruppe gegen angreifenden Feind und Feind in und hinter Deckungen in Wurfweite vor der eigenen Stellung zur Wehr. Sie werden auch beim Freikämpfen von Häusern, Aufrollen von Gräben oder gegen eingebrochenen Gegner eingesetzt.

Der Einsatz von Nebelmitteln kann zweckmäßig sein, wenn die Gruppe geschützt gegen Sicht eine Deckung gewinnen will. Auch wenn die Gruppe unerwartet in gezieltes Feuer gerät und sie im Schutze des Nebels ausweicht, benötigt dies eine gewisse Zeit. Bei dem Einsatz von Nebelmitteln ist darauf zu achten, dass man wartet, bis der Nebel dicht genug „steht“ und man sich nicht selber einnebelt. Daher ist beim Verwenden von Nebelmitteln unbedingt auf die Windrichtung zu achten.

4.8 Einsatz der Granatmaschinenwaffe

Die Granatmaschinenwaffe (GrMaWa) kann wahlweise auf einem Kfz montiert sein oder auch abseits von Kfz mit einem Dreibein eingesetzt werden. Sie wirkt mit Einzelfeuer und kurzen Feuerstößen auf Flächen- und Einzelziele. Dabei kann sie witterungsunabhängig auch gegen ungepanzerten und leicht gepanzerten Gegner in und hinter Deckungen eingesetzt werden. Bei Nacht reduziert sich die Kampfentfernung auf ca. 600 m. Mit der GraMaWa werden Ziele bekämpft, die

- sich außerhalb der Reichweite der Gewehrschützen befinden,
- nur mit unverhältnismäßig hohem Munitionseinsatz anderer Waffen erfolgreich bekämpft werden können,
- die eigenen Kräfte besonders gefährden oder
- für den Gegner von großer Bedeutung sind.

Hierbei kann es sich um abgesessen angreifende Schützen, aufgesessene Schützen auf ungepanzerten/leicht gepanzerten Kfz, „Schlüsselpersonal" des Gegners oder Hubschrauber im Schwebeflug handeln.

Eine GraMaWa wird von einem Trupp bedient. Dieser erhält den Einsatzauftrag vom ZUGFÜHRER. Die GrMaWa wirkt im Verbund mit den übrigen Waffen der Gruppe / des Zuges aus vorbereiteten Stellungen oder vom Kfz. Sie wird meist von den Flügeln eingesetzt. Den Einsatz „flankierend" zu nennen hilft nicht weiter, da das Prinzip der eingesetzten Granaten (Splitterwirkung kreisförmig) nicht identisch ist mit der Theorie des bestrichenen Raumes bei Flachfeuerwaffen. Im Angriff verbleibt die GrMaWa bei der Deckungsgruppe. Die GrMaWa eignet sich auch zum Einsatz beim Objektschutz, dem Überwachen von Verkehrsknotenpunkten und der Bekämpfung von Scharfschützen. Auf dem Kfz ist es eine gute Ergänzung zu der normalen Bewaffnung bei der Durchführung von motorisierten Spähtrupps, Patrouillen und dem Begleiten von Konvois.

4.9 Einsatz der Signalpistole

Mit der Signalpistole kann die Gruppe das Gefechtsfeld ausleuchten. Dabei achtet sie darauf, dass sie sich nicht selber blendet (Störung des Augenlichts und Nachtsehgeräte), sich nicht selber ausleuchtet und nicht zu früh beleuchtet. Das Ausleuchten wird genutzt, den Gegner gezielt und zügig auf kurze Entfernung niederzukämpfen. Ihm geht meist ein Feuerkommando voraus oder das Abfeuern der Signalmunition ist das Feuerkommando.

Signalmunition kann auch der Kommunikation dienen, beispielsweise den eigenen Standort markieren und/oder dadurch zur Feuerregelung beitragen. Die Zeichen sind vorher abzusprechen.

Zwar nicht dafür vorgesehen und auch nicht ganz ungefährlich, hat sich die Signalpistole im Einsatz durch die Abgabe von visuell erkennbaren Warnschüssen bewährt. Hierdurch können zwar im Extremfall schwere Verletzungen entstehen, weshalb dieses Einsatzverfahren sicher nicht die Primäraufgabe der Signalpistole ist. Wird die Signalpistole aber im Einsatz wegen gestörter Kommunikation im „Direktbeschuss“ verwendet, um z. B. ein Fahrzeug, das auf alle bis dato erfolgten Signale nicht reagiert, erfolgreich zum Halten oder zum Umkehren zu bewegen und muss dadurch nicht scharf auf das Kfz geschossen werden, ist das Mittel sicherlich verhältnismäßig.

4.10 Sicherheitsvorschriften

Dieses Kapitel kann die Vielzahl von zu beachtenden Sicherheits- und Unfallverhütungsvorschriften, die existieren, nicht mal ansatzweise ersetzen. Übende und eingesetzte Truppe muss sich an diese Vorschriften halten, will sie nicht durch eigene Kräfte oder deren Waffenwirkung zu schaden kommen. EDELMAIER [1997] geht ausführlich auf das Problem des „friendly fire“ ein.

Ausgesprochen plausibel, sich logisch aufbauend und praxiserprobt sind folgende vier Regeln:

- **Alle Waffen sind immer als geladen zu betrachten**

- **Eine geladene Waffe wird nie auf etwas gerichtet, das man nicht treffen oder zerstören will**
- **Solange die Visierung (und damit die Mündung) nicht auf das Ziel gerichtet ist, ist kein Finger am Abzug**
- **Es wird nur auf eindeutig identifizierte Ziele geschossen [siehe hierzu auch Schriftenreihe SUOV 1992 und HOFFMANN 2007]**

Ergänzend sei, gerade was Handwaffen anbelangt, auf den so genannten „Gefahrenbereich" eingegangen, um die Sinne für dessen Beachtung im Einsatz zu schärfen. Dies deshalb, als dass dieser Gefahrenbereich gerne als „in der Ausbildung lästig und im Einsatz unrealistisch" abgetan wird. Jeder Waffentyp bzw. Munitionstyp/Munitionssorte hat seinen/ihren spezifischen „Gefahrenbereich". In dem genannten Gefahrenbereich dürfen sich Personen nicht aufhalten (es sei denn, man möchte sie bekämpfen). Gefahrenbereiche werden in dem Moment wirksam, sobald eine Waffe geladen oder feuerbereit ist und ohne nennenswerte weitere Tätigkeit oder Verzögerung geschossen werden kann (bei Handwaffen wie Sturmgewehr usw. z.B., wenn die Waffe „fertig geladen und gesichert" ist). Bei **Handwaffen** (Gewehr, Pistole, MG, Granatpistole) beginnt dieser Gefahrenbereich bei der Rohrmündung.

In der Regel wird bei Handwaffen von einem 30° - Gefahrenbereich gesprochen. Die nachfolgende vereinfachte Skizze erläutert seine Bedeutung. Wenn der Gefahrenbereich von 30° eine „fixe Größe" ist, und das Dreieck ein „rechtwinkliges" ist, muss sich hieraus eine praxistaugliche Faustformel machen lassen, um in der geöffneten Ordnung Seitenabstand und Tiefenabstand zum Vordermann in ein entsprechendes Verhältnis zu bringen. Hieraus ergeben sich gerade im Schützenrudel Sachzwänge hinsichtlich der Tiefengliederung. Der alleinige Verweis: „Männer, achtet auf die 30°!", nützt da wenig, wenn keine Faustformel vorhanden ist.

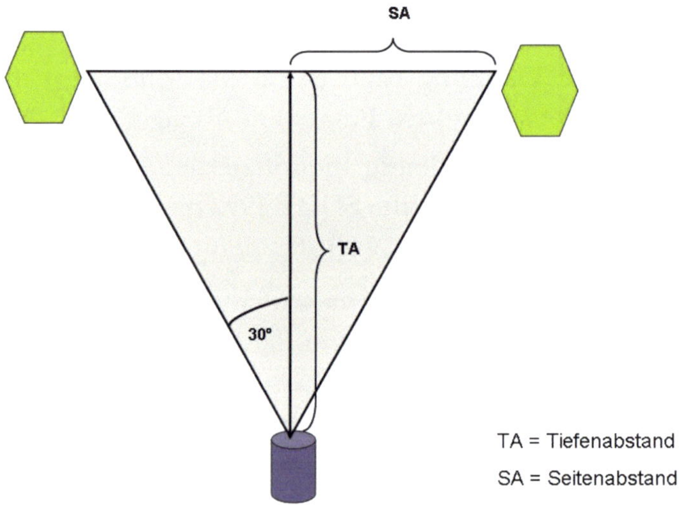

Abbildung 4-6: Ermittlung des Sicherheitsabstand anhand des 30° - Gefahrenbereichs mittels eines rechtwinkligen Dreiecks

In der obigen Abbildung wird der Gefahrenbereich (graues, gleichschenkliges Dreieck) symbolisch dargestellt. Er erstreckt sich von der gedachten Rohrmündung (blauer Zylinder) nach links und rechts jeweils in einem Winkel von 30° (SA). Der Pfeil vor der Rohrmündung symbolisiert den gedachten Tiefenabstand zum Vordermann (hier als grüne Silhouette dargestellt) aber auch die gedachte Flugbahn eines Geschosses. Das gleichschenklige Dreieck wird also geteilt und wir betrachten der Einfachheit halber den rechten Teil, das für sich nun ein rechtwinkliges Dreieck ist, in dem gilt:

1.) tan ἀ ≤ SA : TA

2.) 0.5 ≤ SA : TA (der tan ἀ von 30° beträgt ca. 0,57, damit es einfacher wird, nehmen wir 0,5, auch wenn wir damit den Winkel tatsächlich auf 26,6° verkleinern)

3.) $0{,}5 * TA \leq SA$

Was hier etwas abstrakt aussieht bedeutet, dass der Tiefenabstand zum Vordermann in der Praxis (sowohl rechts als auch links) stets weniger als das Doppelte des Seitenabstands betragen muss. Oder anders: Steht mein Flügelmann rechts/links 2 Meter „neben" mir, muss der Tiefenabstand (Abstand Rohrmündung) zu ihm deutlich geringer sein als 4 m. Tatsächlich, da der Wert 0,57 beträgt, darf der Tiefenabstand sogar nicht mehr als 3,5 m betragen, wie nachfolgende Probe beweist.

1) $\tan \alpha \leq SA : TA$
2) $0.57 \leq 2 : TA$
3) $0{,}57 * TA \leq 2$
4) $TA \leq 3{,}50$ m

Beim Gewehr, das relativ lang ist, funktioniert demnach diese Regel ganz gut:

Seitenabstand * 2 ≥ Tiefenabstand,

da die Waffenmündung ja noch vorragt. Bei kurzen Waffen, besonders bei Pistolen, funktioniert das aber nicht mehr. Hier ist deutlich näher zum Flügelmann aufzurücken.

Und Vorsicht: eine Waffenmündung ist niemals starr. Zudem muss man sich das Dreieck tatsächlich als Kegel vorstellen, da der Gefahrenbereich ein dreidimensionaler Raum ist. Personen im Umfeld des Schützen bewegen und drehen sich – insofern ist dieser Gefahrenbereich ein hoch dynamischer Bereich. Dennoch bleibt die Erkenntnis, dass der 30°-Gefahrenbereich dem Einzelschützen viele Spielräume lässt, da sich in den übrigen 300° um die Mündung herum Personen befinden dürfen. Dies ist durch die Ausbilder zu vermitteln und, zunächst im Trockentraining, ausreichend zu üben.

4.11 Der geleitete Feuerkampf

In der Regel wird der Feuerkampf der Gruppe durch den GRUPPENFÜHRER geleitet. Dieser ist an keinen Platz gebunden und befindet sich im Normalfall im Schwerpunkt des Gefechts. Er selber schießt grundsätzlich nur im Nahkampf, um das Feuer seiner Gruppe zu leiten, um mit seiner Waffe das Feuereröffnungskommando für seine Gruppe zu geben oder mit Richtungsschüssen (Einsatz von Leuchtspurmunition) das Feuer der Gruppe auf ein bestimmtes Ziel zu lenken oder um das Feuer zu verdichten. In Notlagen bzw. unter Zeitdruck oder wenn gefährliche Ziele nur schwer aufzufassen und zu bekämpfen sind, kann er selber die Schwerpunktwaffen (MG, PzFst) übernehmen.

Die Infanteriegruppe kann eine beträchtliche Feuerkraft entfachen. Die größte Wirkung erzielt die Gruppe, wenn der Gegner durch zusammengefasstes Feuer überraschend bekämpft wird und die Waffen der Gruppe optimal eingesetzt werden. Deshalb sollte das Feuer der Gruppe plötzlich, unerwartet und geschlossen („Feuerüberfall") auf den Gegner wirken. Ein solcher Feuerüberfall gelingt, wenn die eingesetzten Kräfte gut ausgebildet und der Überfall durch klare Aufträge vorbereitet wurde. Auch nach der Feuereröffnung sollte der Feuerkampf weiter geleitet werden, um größtmögliche Wirkung zu erzielen. Das Feuer wird vom GRUPPENFÜHRER frühestens eröffnet, wenn der Gegner die (z.B. vom ZUGFÜHRER festgelegte) Linie für die Feuereröffnung oder bestimmte Punkte im Gelände überschritten hat.

Es kann vorkommen, dass mehrere gefährliche Einzelziele nacheinander durch Feuerzusammenfassung bekämpft werden müssen. In diesem Fall befiehlt der GRUPPENFÜHRER die Feuerzusammenfassung sowie die notwendigen Zielwechsel. Ein Feuerkommando besteht in der Regel aus fünf Elementen:

Beispiel:

(1) Angesprochene Einheit = Trupp 3 Feuerzusammenfassung, Trp 1 und 2 überwachen

(2) Richtung des Feuers = links von der Brücke

(3) Entfernung des Ziels = ca. 150 m

(4) Benennung des Ziels = LKW mit Planverdeck, daneben PzAbwStellung

(5) Ausführungskommando = Trp 3 Feuer!

REIBERT [2009] nennt hier als Merkwort den Begriff EREZA! Wichtig beim Ausführungskommando ist, dass es eindeutig ist. Es kann beispielsweise der Schuss des GRUPPENFÜHRERS, der Ruf „FEUER!“, der Schuss mit der Signalpistole (bei Nacht) aber auch der Pfiff sein. Ebenso wichtig ist die Zielverteilung. Es nützt nichts, einfach die „Zielverteilung von links nach rechts!“ zu befehlen. Damit ist gemeint, dass der äußerst linke Mann der Gruppe auch das äußerst linke generische Ziel bekämpft. Wer weiß schon in der Unübersichtlichkeit des Gefechts bei dem Adrenalinschub, ob er jetzt wirklich der 4. oder 7. von links ist? Besser ist es, klare Ziele zuzuweisen:

Beispiele:

1.)

(1) „MG-Trupp

(2) Rechts am Baum

(3) 200

(4) Gegnerische Deckungsgruppe

(5) Sofort niederhalten!“

2.)

(1) „Achim!

(2) Von eigener Stellung geradeaus rechts der Buschgruppe, dort Autowrack

(3) Entfernung 200

(4) Dort gegnerischer Schützentrupp

(5) Mit zwei Schuss Grapi

(6) Feuer!“

Auch kann die Lage es erfordern, das Kommando auf das Minimum zu verkürzen, nämlich auf „ZA“:

(1) Benennung des Ziels = Halbrechts Schützen vor uns

(2) Ausführungskommando = Stellung - Feuer!

Die Rolle der TrpFü kann beim geleiteten Feuerkampf nicht hoch genug eingeschätzt werden. Je nach Auftrag bzw. Feuerkommando führen sie das Feuer ihrer Trupps und sind deren Augen und Ohren. Sie bewahren den Überblick, weil das Gesichtsfeld und die Wahrnehmung der eigenen Männer durch das Bedienen der Waffen eingeschränkt sind. Gleichzeitig halten sie enge Verbindung zum GRUPPENFÜHRER, damit dieser den Feuerkampf weiter leiten kann. Wichtige Entwicklungen über Waffenwirkung, Verluste, Munitionsbestand melden sie dem GRUPPENFÜHRER unaufgefordert, in Kampfpausen oder, wenn die Lage es erfordert, auf Befehl.

Je nach Stärke des Gegners und Verlauf des Gefechts, wird sich dieses in den ungeleiteten Feuerkampf hinentwickeln. Dann kommt es darauf an, dass die einzelnen Männer sinngemäß verfahren und die Verbindung zwischen ihnen, den TrpFü und dem Gruppe trotzdem nicht abreißt.

4.12 Der selbständige Feuerkampf

Jeder einzelne Mann muss den Feuerkampf im Sinne des Auftrags selbstständig führen können. Zu diesem Zweck ist es erforderlich, dass die Männer ausgebildet sind, wie der GRUPPENFÜHRER zu denken und in seinem Sinne zu handeln. Der GRUPPENFÜHRER muss seine Aufträge so erteilen, dass seine Gruppe bzw. auch einzelne Männer ihren Auftrag auch dann ausführen können, wenn er selbst nicht vor Ort ist, er ausfällt, die Verbindung durch Gefechtslärm und Sichtbehinderung abreißt oder die Gruppe plötzlich und unerwartet auf gegnerische Kräfte trifft. Wenn Teile der Gruppe (z.B. ein einzelner Trp) oder einzelne Männer (z.B. zugeteilte ZF-Schützen) den Feuerkampf selbstständig führen sollen, befiehlt der GRUPPENFÜHRER „Feuererlaubnis!".

Beispiele:

1.)

(1) „Trp 2 und 3

(2) Sie gehen mit Ihren PzFst hinter dem Hügel so in Stellung, dass Sie,

(3) unter Beachtung der Höchstschussweite,

(4) gegnerische Kfz wirkungsvoll bekämpfen können.

(5) Feuererlaubnis auf generische gepanzerte Kfz!"

2.)

(1) „ZF-Schützen!

(2) Sie sichern unseren technischen Halt mit ihrer Gruppe von dem Hügel (im Gelände gezeigt) aus.

(3) Entfernungsermittlung mit LEM (Laserentfernungsmesser)

(4) Bei Angriff auf unseren Zug oder auf einzelne Männer, die als Posten eingeteilt sind, haben Sie

(5) Feuererlaubnis unter Beachtung der Verhältnismäßigkeit!"

Der GRUPPENFÜHRER unterbricht oder beendet den Feuerkampf, wenn die Lage dies zulässt bzw. erfordert. Dies z.B., wenn der Gegner nicht mehr kämpft, der ursprüngliche Auftrag weitergeführt oder ein neuer Auftrag erfüllt werden muss. Dies erfolgt meist durch das Kommando „Stopfen!" oder durch ein vereinbartes (Leuchtzeichen, Funkspruch, Trillerpfiff usw.) Zeichen.

Der Feuerkampf wird von ihm insbesondere unterbrochen, wenn die Situation einen Zielwechsel erforderlich macht, die Feuerzusammenfassung auf ein wichtiges Ziel notwendig ist oder ein Stellungswechsel erforderlich wird. Beim Stellungswechsel ist eine klare Feuerregelung notwendig: Wer bewegt sich, Wer sichert die Ausweichbewegung, auf welche Zeichen wird nachgezogen (Feuer und Bewegung)?

Die Gruppe überwacht nach dem Einstellen des Feuers das Vorgelände und prüft, ob der Gegner den Feuerkampf tatsächlich eingestellt hat. Dabei achtet sie auf das Verhalten von versprengten Teilen und Einzelschützen. Ggf. muss der Feuerkampf erneut aufgenommen werden. Stets ist der Feuerkampf ist nur so lange zu führen, bis der Zweck erreicht ist.

4.13 Feuerkampf bei Nacht/eingeschränkter Sicht

Die folgenden Ausführungen kommen insbesondere dann zum Tragen, wenn der Zug, beispielsweise auf dem Marsch, über längere Zeit an einem Ort verbleiben muss.

Die Gruppe bereitet sich rechtzeitig auf den Feuerkampf bei eingeschränkter Sicht vor. Der GRUPPENFÜHRER ist dafür verantwortlich. Dazu prüft er [sinnvoller Weise vor dem Einsatz] besonders die Funktionsfähigkeit der Nachtsehgeräte. Mängel lässt er abstellen und sorgt, wenn erforderlich, für Ersatz, Austausch oder Instandsetzung. Bei eingeschränkter Verfügbarkeit weist der GRUPPENFÜHRER die vorhandenen Nachtsehgeräte bestimmten Aufgaben (Alarmposten), Personen oder Waffen (MG) zu.

Der lückenlose Einsatz von Nachtsehgeräten ist sicher wünschenswert, es muss aber im Zweifel auch ohne gehen. Bei Schneefall, Staub, starkem Regen, Nebel usw. stoßen sie an ihre Grenzen. Deshalb ist es zweckmäßig, noch am Tage die Waffen, welche nicht über Nachtsehgeräte verfügen, auf markante Geländepunkte einzurichten und Vorkehrungen für deren Festlegung zu treffen. Im Falle des sMG erfolgt dies durch die Erdziellafette. Bei den übrigen Waffen können die Umgestaltung der Gewehrauflagen (Festlegung des Höhen-

/Tiefenbereichs der Waffe) und/oder das Einschlagen von Pflöcken zur Begrenzung der seitlichen Feuerbereiche sinnvoll sein. Eigene Kräfte, Stellungen und Männer dürfen durch eigenes Feuer nicht gefährdet werden. Dies gilt auch für sich evtl. bewegenden Streifen (Parole und Erkennungszeichen festlegen!). Die Nachtaufstellung ist zunächst am Tage, dann in Dämmerung und bei Dunkelheit vorzuüben. Dazu gehört auch, das Nachführen von Munition, das Beziehen von Wechselstellungen, das Versorgen Verwundeter oder das Führen von Gegenstößen zu üben. Erkannte Mängel sind zu beseitigen.

Bei der Auswahl der Stellungen müssen gegnerische Annäherungs- und Stellungsmöglichkeiten in Betracht gezogen werden. Eigene Stellungen sind so zu wählen, dass in der Dunkelheit die Verbindung innerhalb der Gruppe nicht abreißt (zusammenziehen für die Nacht) und/oder sich die Ziele erkennbar und identifizierbar vom Untergrund/Horizont abheben. Evtl. sind unterschiedliche Stellungen (Tag/Nacht) bzw. unterschiedliche Anschläge (Gewehrauflagen, Anschlaghöhen) vorzubereiten.

Vorhandene Lichtquellen, wie Straßenbeleuchtung, Flutlichtscheinwerfer, können unter Umständen ausgenutzt werden. Die Koppelung von Scheinwerfern mit Bewegungsmeldern kann sinnvoll sein, wenn der technische Aufwand nicht zu groß ist. All dies macht aber nur Sinn, wenn sie die eigenen Stellungen nicht ausleuchten, die eigenen Kräfte nicht blenden und nicht vom Gegner bei Beginn des Feuerkampfes außer Funktion gesetzt werden können. Dann wäre die Nachtkampffähigkeit der eigenen Kräfte eingeschränkt, weil das menschliche Auge 20 – 30 Minuten benötigt, um die volle Nachtsehfähigkeit erneut herzustellen. Kann dies nicht gewährleistet werden und lassen die Umstände es zu, erscheint das Abschalten der der Lichtquellen sinnvoll [siehe hierzu auch FLÖDL, 1997].

Es ist daher meistens zweckmäßiger, strenge Lichtdisziplin (Dunkelheit, sparsamer Einsatz von Rotlicht) zu wahren, um die eigene Stellung nicht zu verraten und Nachtsehfähigkeit der eigenen Kräfte zu erhalten.

Beim Einsatz von pyrotechnischen Leuchtmitteln ist darauf zu achten, dass der ZUGFÜHRER über deren Einsatz (Vorbereitung) informiert ist, die

Mittel den Gegner von hinten oder von der Seite beleuchten und sich die eigene Gruppe nicht selbst blendet oder gar ausleuchtet (Windrichtung usw. beachten).

Der GRUPPENFÜHRER regelt die Feuereröffnung/Feuerleitung. Die Feuereröffnung auf bestimmte Geländepunkte oder Geländeabschnitte erfolgt zum Beispiel durch das Auslösen von Bodenleuchtkörpern oder Geräuschfallen. Richtungsschüsse durch mit Nachtsehgeräten und Leuchtspurmunition versehenen Schützen können bei der Lenkung des Feuers unterstützen. Die Feuereröffnung kann auch durch den Einsatz von Leuchtspur- oder Signalmunition durch den GRUPPENFÜHRER erfolgen.

5 Führungsvorgang

5.1 Entschlussfassung

Zum Zwecke der Entschlussfassung wird bei den deutschen Streitkräften nach einem standardisierten Verfahren vorgegangen. Dieses Verfahren wird „Beurteilung der Lage“ genannt und mündet in einem Entschluss – der „Idee des Gefechts“.

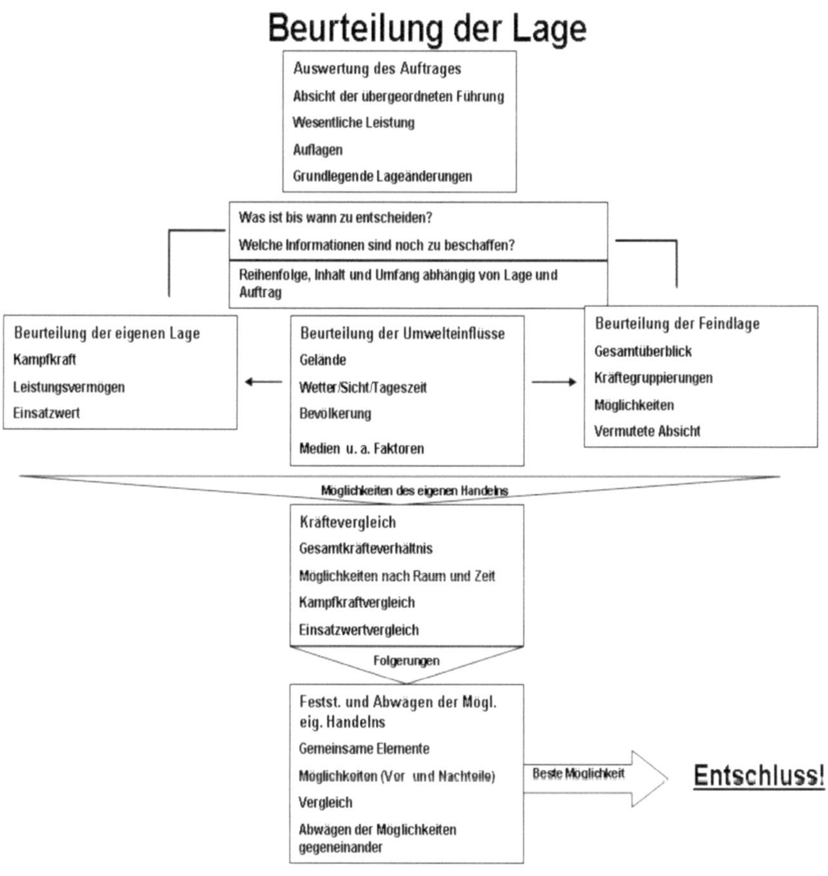

Abbildung 5-1: Die Methodik der Beurteilung der Lage nach OESTMANN [2003]

Diese Beurteilung beginnt mit der Auswertung des Auftrages, wobei hier das Herausarbeiten der Absicht der übergeordneten Führung und die wesentliche eigene Leistung im Vordergrund stehen. Ziel ist es, dass der militärische Führer durch diesen Schritt für sich erarbeitet, was die übergeordnete Führung will. Hat er dies verinnerlicht, wird er seine weiteren Entschlüsse so ausrichten, dass diese Absicht stets berücksichtigt und nicht aus dem Auge verloren wird. Hieraus resultiert für den Führer gleichzeitig Handlungsfreiheit in einem Zielkorridor. Die wesentliche Leistung wiederum gibt dem militärischen Führer vor, was er auf seiner Ebene auf alle Fälle erfolgreich durchführen muss. Meist erhält er mehrere Aufträge, für die herauszuarbeiten ist, welches die Kernforderung des jeweiligen Auftrags als auch der Gesamtheit aller Aufträge ist, um wiederum im Zweifelsfalle eine Entscheidung im Sinne der übergeordneten Führung zu treffen. Tritt eine grundlegende Lageänderung ein, die völlig entgegengesetzt zur Auftragslage zu sein scheint, ist so darauf zu reagieren, dass die übergeordnete Absicht erfüllt wird. Die Kernfrage ist demnach dahingehend zu bearbeiten, ob die übergeordnete Führung diesen Auftrag auch so erteilt hätte, wenn sie gewusst hätte, dass sich die Lage so entwickelt. Ist dies nicht der Fall, darf vom Auftrag abgewichen werden, sofern die Lage es erfordert und eine Entscheidung der übergeordneten Führung nicht eingeholt und/oder abgewartet werden kann. Auflagen beschränken die möglichen Handlungsoptionen.

Auflagen sind Einschränkungen der Handlungsfreiheit. Hierunter sind zum Beispiel zeitliche Vorgaben (Erfüllung eines Ziels bis zu einer bestimmten Uhrzeit) oder rechtliche Rahmenbedingungen zu verstehen. Diese ergeben sich durch Sachzwänge, die Einfluss auf die Operationsführung haben und sind daher unbedingt zu berücksichtigen. Ihre Nichtbeachtung kann den Erfolg einer Operation völlig in Frage stellen. In der Beurteilungsphase werden die eigene Lage, die Feindlage und die Umwelteinflüsse näher betrachtet. Dies setzt voraus, dass ausreichend Informationen vorliegen. Ist dies nicht der Fall, sind diese durch Aufklärung zu gewinnen. In der Regel wird mit der Beurteilung der Umweltbedingungen begonnen. Unter Umweltbedingungen werden die Klimazonen, Großlandschaften, Klima, Wetter, Bewuchs, Relief ebenso unter militärischen Gesichtspunkten betrachtet, wie das Vorhandensein von Straßen, Wegen, Flüssen und deren Leistungsfähigkeit bzw. Kapazität. Das Verhalten der Bevölkerung hat eine sehr hohe Bedeutung, da dieses Verhalten von freundlich bis feindlich reichen kann. Ebenso wird das Bild in den Medien betrachtet, die wohlwollend bis abwertend berichten können und daher Einfluss auf das Bild des Handelnden in der Öffentlichkeit haben. Bei der Feindlage wird untersucht, wann gegnerische Kräfte wo in welcher Stärke wirksam werden können. Daraus sind Folgerungen für das eigene Handeln zu ziehen. Es erfolgt auch eine Betrachtung der bisherigen Handlungen der gegnerischen Kräfte, um eventuelle Muster auszumachen. All dies mündet in der vermuteten Absicht, indem sich der die Feindlage betrachtende Führer in die Rolle des Gegners versetzt und aus seiner Sicht einen Einsatzplan macht. Alle diese Faktoren fließen auch in die eigene Lage mit ein. Diese ist charakterisiert durch die Kampfkraft, also Anzahl und Leistungsvermögen der eigenen Männer und Waffensysteme. Das Leistungsvermögen, zum Beispiel der Ausbildungsstand der Truppe und ihre Versorgung, in Verbindung mit der Kampfkraft sind ausschlaggebend für den tatsächlichen Einsatzwert der Truppe, der nicht wenig von der Moral abhängt. Ziel dieses Beurteilungsabschnittes ist es, den Rahmen eigener Handlungsmöglichkeiten abzustecken. In einem Kräftevergleich werden die Möglichkeiten des eigenen Handelns betrachtet. Die genannten Aspekte werden gegenübergestellt und verglichen, mögliche Lösungsvarianten ermittelt, wenn die Zeit ist, diskutiert. Die unzweckmäßigen Varianten werden verworfen. Ist dies erfolgt, werden reale Handlungsoptionen betrachtet, ihre Vor- und Nachteile abgewogen. Hierzu zählen die Höhe von zu erwartenden Verlusten, politische Nachteile und Nachhaltigkeit des Erfolges. Am Ende soll die beste Möglichkeit herausgearbeitet sein, die unter den gegebenen Umständen allen Anforderungen am nächsten kommt. Es ist ein deutlicher Unterschied, ob Truppe mit Angriffen aus der Luft rechnen muss oder unter IED- Bedingungen agiert. So hat dies unmittelbar Auswirkungen auf den späteren Plan für den Einsatz. In dem einen Fall ist beim Halten von Fahrzeugkolonnen sofort weiträumig im Gelände abseits von Straßen aufzulockern (Gefahr aus der

Luft). In dem anderen Fall wird die Kolonne in jedem Fall auf befestigten Wegen eng zusammen bleiben und eine „Wagenburg“ zum Selbstschutz bauen (IED-Bedingungen). Hieran wird deutlich, dass jeder Auftrag der gründlichen Beurteilung der Lage bedarf und man sich niemals „sklavisch“ an ein Einsatzverfahren halten können wird. Diese Möglichkeit wird in einem Entschluss formuliert, der sich aus den Elementen „Wer, was, wann, wie, wo, wozu“ zusammensetzt. Insbesondere das „Wozu“ dokumentiert wiederum, dass die Absicht der übergeordneten Führung nicht aus dem Blickfeld geraten darf. Ein militärischer Führer wird mit der Abarbeitung dieses Handlungsprozesses demnach befähigt, auch in einer durch Komplexität, Schnelligkeit oder schlechter Kommunikation geprägten Lage selbständig einen sinnvollen Entschluss zu treffen.

5.2 Befehlsgebung

Das Ergebnis aus dem Entschluss ist der dezidierte Befehl. Der Aufbau von Befehlen und die verschiedensten Befehlsschemata werden ausführlich bei BELLMAN & SCHRADER [2001] sowie bei OESTMANN [2003] behandelt. Jedem, der einen Befehl geben muss, der eine Vielzahl von Details enthält, sei empfohlen, diese Befehlschemata zu nutzen, ggf. zu ergänzen oder zu aktualisieren. Noch vor wenigen Jahren gab es z.B. keine Befehlsschemata für den CheckPoint oder die Patrouille – also wurden diese aus Befehlen für die Einrichtung eines Kontrollpunktes oder für den Spähtrupp abgeleitet.

Wer davon ausgeht, im Einsatz keine Schemata zur Hand zu haben, erstellt sich im Vorfeld seines Einsatzes selber eine kleine Taschenkarte (so, dass sie in eine Beintasche passt) mit den für ihn wichtigsten Befehlen und laminiert diese, damit dieses wichtige Hilfsmittel wetterfest ist. Dasselbe gilt übrigens auch für die Einsatzregeln (ROE), die man wetterfest am Mann führen sollte; manche Männer tragen Taschenkarten und Einsatzregeln auch an einem Band um den Hals.

Für alle die, die ihre Taschenkarte verloren oder vergessen haben, sei die kleine Hilfe gegeben, dass das zugegeben etwas „komische“ Merkwort L A N G E M A R P zur Befehlsgebung hilfreich sein kann, damit man möglichst wenig vergisst: Dabei stehen die einzelnen Buchstaben für

- L Lage
- A Auftrag
- N Nachbarn
- G Grenzen
- E Eröffnungslinie (Feuereröffnungslinie – also ab wann darf geschossen werden)
- M Material und Meldewesen
- A Ablösung (Einsatzdauer)
- R Rückwärtiger Raum (dazu gehört auch der Platz des Führers)
- P Parole

Ein Trupp- oder GRUPPENFÜHRER, der dieses Schema im Kopf hat und ein wenig abstrahieren kann, hat damit ein multifunktionales Befehlsgrundgerüst am Mann oder noch besser im Kopf.

Der Befehl wird klar, präzise und eindeutig gegeben. Eindeutig heißt, dass Floskeln, die zu Handlungsunsicherheiten führen können, wegfallen. Unverbindliches Verwaltungsdeutsch („ich würde mir wünschen“) ist vollkommen Fehl am Platz.

Die Befehlsausgabe erfolgt möglichst bei ausreichend Wetterschutz und Licht – gerne in einem geschlossenen Raum. Damit ist auch sichergestellt, dass Ruhe herrscht und sich jeder der Zuhörer ausreichend konzentrieren kann. Die Einweisung erfolgt möglichst anhand einer Karte bzw. Skizze. Jeder, der an der Befehlsausgabe teilnimmt (egal ob ZUGFÜHRER, GRUPPENFÜHRER oder Kraftfahrer), notiert dabei schriftlich die für ihn wichtigen Details – merken kann man sich das alles nicht.

Am Ende lässt derjenige, der den Befehl gegeben hat, Teile des Befehls wiederholen, indem er Verständnisfragen stellt. Dabei sollte auf die wesentliche Leistung eingegangen werden, damit jeder im Sinne des Auftrages handeln kann.

Ebenso sollten sich diejenigen, die den Befehl erhalten, nicht scheuen, ihrerseits Fragen zu stellen.

6 Aufgaben im Einsatz

Nachfolgend werden Aufgaben im Einsatz unter dem Eindruck der Bewegung auf Kfz beleuchtet. Dabei wird davon ausgegangen, dass die Kfz-Bewegung in einem Raum stattfindet, der durch IRREGULÄRE KRÄFTE bedroht ist und eine Gefahrenlage aufgrund von Minen oder UXO (unexploded ordnance; nicht explodierte Kampfmittel) herrscht und mit Anschlägen, einschließlich IED- Anschlägen zu rechnen ist.

6.1 Gefahren durch UXO/Minen

Minen werden als preisgünstiges, wirksames Kampfmittel in großen Mengen in Krisen- oder Kriegsgebieten eingesetzt. Die Verlegung von Minen der unterschiedlichsten Arten ist die Regel. Einheitliche Dokumentationen über angelegte Minen/Minensperren liegen meist nicht vor. In Ortschaften und Objekten jeder Art können Minen als Sprengfallen oder versteckte Ladungen (englisch „Booby Trap") angebracht sein.

Minen können auftreten:

- in Form von Minensperren, meist von regulären Streitkräften/Milizen angelegt und dokumentiert, oder von „Stellungstruppen" zurückgelassen und, abweichend vom geltenden Völkerrecht, nicht dokumentiert,
- als Störminensperren in Umgehungsmöglichkeiten, auf Straßen, Furten, usw., in der Regel abweichend vom geltenden Völkerrecht nicht dokumentiert,
- als versteckte Ladungen,
- im Bereich (aufgegebener) militärischer Liegenschaften,
- an ehemaligen Kontrollstellen, Gefechtsabschnitten oder in Verfügungsräumen,
- infolge unsachgemäßer Beseitigung (z. B. durch Vergraben oder behelfsmäßiges und damit unvollständiges Sprengen).

Einsatz bei Minengefahr

- Der Einsatz ist auf einer Karte mit eingezeichneten Gefahrenzonen zu planen. Fahrstrecken und zu benutzende Wege sind in „sicheren" Bereichen festzulegen.
- Unüberprüftes Gelände oder Wälder sind in der Regel nicht zu betreten.
- Das Benutzen von Abkürzungen auf nicht überprüften Wegen ist untersagt.
- Straßenränder und Straßengräben dürfen weder befahren noch darf dort angehalten werden.

Erkennen und Aufklärung von Minen und Minensperren

Die Aufklärung von Minen wird häufig dadurch erschwert, dass diese schon über einen längeren Zeitraum liegen und durch Überwachsen, Sand, Schnee, Laub oder Unrat nicht zu entdecken sind. Die Lage von Minen kann durch Witterungseinflüsse, wie durch ergiebige Regenfälle, in kurzer Zeit stark verändert werden. Eine große Anzahl von Minentypen lassen sich durch herkömmliche Minensuchgeräte (Metalldetektoren) nicht aufspüren, da sie mit Kunststoff oder Holz ummantelt sind.

Hinweise auf Minen können sein:

- auffälliger Bodenbewuchs (hellere Flecken als das Umfeld),
- herumliegende Schutzkappen von Minen und Zündern,
- Verpackungsmaterial (Holz- oder Pappkisten),
- auffällige Drähte, Leitungen, Schnüre oder eingeschlagene Holzpflöcke,
- Trichter bereits detonierter Kampfmittel/Minen,
- verstümmeltes Wild,
- verstümmelte Personen/Versehrte,

- zurückgelassene Warntafeln oder andere Markierungen (Steinhaufen, Trassierband, Tücher),
- Hinweise aus der Bevölkerung.

Nicht zur Explosion gekommene Kampfmittel (Unexploded Ordnance / UXO) stellen ebenfalls eine Gefahr für Menschen dar, egal ob nach Kampfhandlungen einfach liegengelassen, zur Beseitigung vergraben oder ihrem Zweck entsprechend ausgelegt.

Auf UXO können in Krisengebieten hinweisen:

- Schilder (selten)
- Zurückgelassenes Wehrmaterial (Panzerwracks usw.)
- Aufschüttungen/Vertiefungen
- Verpackungsmaterial
- Ortsübliche Warnsignale (Steinhaufen, Cola-Dosen)
- Hinweise der Bevölkerung

Militär (auch Milizen etc.), das sich zurückzieht oder sich in Auflösung befindet, hinterlässt UXO und Waffen auch in Gräben, Feuerlöschteichen, Seen, Flüssen, entlang von Furten, etc. und zwar in der Nähe ihrer Ausweich/Rückzugswege. Mit UXO ist daher besonders im Umfeld von Brücken, Furten, Wegen, etc. zu rechnen.

UXO können auch umfänglich auf ehemaligen Truppenübungsplätzen auftreten.

Werden Minen/UXO erkannt oder liegen Hinweise auf Minen/UXO etc. vor, gilt:

- Sofort anhalten!
- Hände weg von Minen, UXO und versteckten Ladungen! Nichts aufheben, was man nicht selbst hingelegt hat. Das Räumen von Minen,

UXO und versteckten Ladungen soll/darf nur durch autorisierte und kompetente Kampfmittelräumkräfte erfolgen.

- Einzelminen sind meist gegen Aufnahme gesichert und detonieren bei Lageveränderung.
- Bei erkannter Gefahr sind nur noch bereits begangene Wege zu nutzen; es ist zweckmäßig, sich ein Bild darüber zu machen, welche Wege/Pfade/Flächen von Einheimischen genutzt bzw. gemieden werden.
- Gefahrenbereich markieren und Kampfmittelräumkräfte informieren.
- Verwundete nur auf absolut sicherem Weg versorgen und bergen.
- Minen/Versteckte Ladungen werden in der Regel nicht einzeln verlegt.

Gerät man im Minenverdachts-/UXO-Gelände in einen Hinterhalt, ist die Entscheidung zu treffen, welche Gefahr größer ist: Auf der im doppelten Sinne „freien" Fläche ein gutes Ziel zu bieten oder unter Ausnutzung des Geländes zu kämpfen. Das Verhalten des Gegners im Gelände kann hierüber gewisse Hinweise liefern.

6.2 Behelfsmäßige (unkonventionelle) Spreng- und Brandvorrichtungen - IED

Behelfsmäßige Spreng- und Brandvorrichtungen (Improvised Explosive Device, IED) können von verdeckt kämpfenden Kräften im gesamten Einsatzgebiet ausgebracht werden. Dies geschieht, um die Einsatzkräfte zu stören, die Zivilbevölkerung zu beunruhigen, durch Konfliktparteien genutzte militärische Anlagen, Einrichtungen und Objekte zu zerstören oder deren Betrieb und Nutzung nachhaltig zu lähmen. Der Einsatz von IED schürt Angst und das Gefühl der Hilflosigkeit und stellt im schlimmsten Falle die hochmodernen Einsatzkräfte genauso wie zivile Hilfsorganisationen bloß bzw. führt der Bevölkerung ihre Hilflosigkeit vor Augen. Mehr als die Hälfte der in 2009 in Afghanistan getöteten Koalitionssoldaten fielen einer IED zum Opfer [siehe hierzu SELIGER 2010].

Behelfsmäßige Spreng- und Brandvorrichtungen sind Vorrichtungen, die in der Regel nicht nach militärischen Standards hergestellt und eingesetzt werden. „Rohstoff“ bilden beispielsweise zurückgelassene, vergrabene Kampfmittel, die gezielt zum Anfertigen von IED verwendet werden. Sie können je nach verfolgter Absicht Wirkladungen aus Spreng-, Brand- oder sonstigen Stoffen enthalten. Die Zündung erfolgt meistens über selbst gefertigte Zündsysteme, die sensor-, zeit-, druck- und/oder funkabhängig ausgelöst werden. Behelfsmäßige Spreng- und Brandvorrichtungen können in jeder denkbaren Form und allen Gegenständen des Dienstbetriebes/alltäglichen Lebens ausgebracht werden, z.B.: Briefe, Bücher, Taschen, Telefonen, Feuerlöschern und Kraftfahrzeugen. Verschiedene Autoren berichten beispielsweise auch von in Tierkadavern versteckten IED.

Allgemeine Verhaltensregeln zur Minderung der Gefährdung

Für Personen im Einsatz ergeben sich hieraus folgende Verhaltensregeln:

- Kenntnis der eigenen Einsatzgrundsätze und des Verhaltens des Gegners
- Ständige Aufmerksamkeit
- Regelmäßige Belehrung der Einsatzkräfte durch fachkundiges Personal (Kampfmittelräumkräfte) zur Bewusstseinserhaltung – Auswertung der angewandten/aktuellen Techniken
- Vermeidung von Routineabläufen, damit sich der Gegner/Störer nicht auf ständig wiederkehrende Handlungsabläufe einstellen kann
- Übersichtlichkeit und Ordnung erschweren dem Gegner das Anbringen von zusätzlichen Gegenständen
- Regelmäßiges Überprüfen des Arbeitsbereiches auf unbekannte oder verdächtige Gegenstände
- Regelmäßiges Überprüfen des Verhaltens der einheimischen Bevölkerung im Umfeld

Verhaltensregeln bei konkreter Bedrohung

- Achtung auf „provozierte Menschenmengen", evtl. sogar durch kleinen Zwischenfall provoziert. Hier kann es zu Folgeanschlägen kommen, die das Ziel verfolgen, gerade bei den Hilfskräften viele Tote/Verletzte zu verursachen.
- Ebenso sind plötzlich menschenleere Straßen und Plätze ein Hinweis auf einen möglichen Anschlag.
- Anschläge werden durch Störer häufig per Video dokumentiert und/oder mit Hilfe von Mobiltelefonen koordiniert. Personen mit Videokameras oder Mobiltelefonen können daher ein Hinweis auf einen unmittelbar bevorstehenden Anschlag sein.
- Bei angedrohtem Einsatz (z. B. Bombendrohung) oder nach bekanntem Einsatz von IED sind alle zu besonderer Wachsamkeit bzw. zur Beobachtung ihrer Umgebung aufgerufen.
- Jede Änderung im oder am Umfeld in Räumen, Gebäuden oder sonstigen Objekten ist unverzüglich zu überprüfen und dem verantwortlichen Führer zu melden.
- Gegenstände dürfen nicht unbeaufsichtigt abgestellt werden bzw. dort eingesetzte Teammitglieder sind hierüber zu informieren.

Verhalten beim Auffinden von vermuteten IED

- Verdächtige Gegenstände nicht berühren oder in ihrer Lage verändern,
- auf Verkabelung, Kontaktdrähte und ähnliches achten,
- nur bereits gegangene Wege zurückgehen,
- Schutzmaßnahmen einleiten (z.B.: Räumen von Gebäuden oder Anbringen von splitter- oder Brand hemmenden Materialien),
- Meldung an Führer absetzen und Kampfmittelräumkräfte informieren,
- ortskundiges Personal zur Informationsgewinnung für die Kampfmittelräumkräfte bereithalten.

Verhalten während eines Anschlags

Sofern der Anschlag erkannt wird, erfolgt der Entschluss in Abhängigkeit von der Situation zum

- Ausweichen oder
- Durchstoßen (Bei Kfz-Marsch: Beschleunigen, vorderes und hinteres Fahrzeug warnen (Funk, Sichtzeichen, Lichthupe, Hupe, Warnblinker usw.)…danach jeweils
- Maßnahmen wie **„Verhalten nach einer Explosion/nach einem Anschlag“.**

Es gibt kein Durchstoßen um jeden Preis. Wenn die Lage es erfordert, kann auch das Absitzen und Kämpfen oder das Zurückstoßen sinnvoll sein. Mit großen Fahrzeugen (LKW) ist dies jedoch kaum möglich. Es kommt also darauf an, schnell zu entscheiden und die zweckmäßigste Variante zu wählen. Dem sollte eine intensive Ausbildung vorausgehen. Die Kfz untereinander sollten zudem über ausreichend Funkgeräte verfügen.

Verhalten nach einer Explosion/nach einem Anschlag

Die Phase nach einem Anschlag wird zunächst von Panik und Verwirrung geprägt sein. Die Einsatzkräfte, insbesondere die Führer, zwingen sich zu Ruhe und Besonnenheit, was zugegebenermaßen schwer sein wird. Danach:

- **Sammeln:** Sich selbst auf Verletzungen prüfen, Einsatzkräfte auf Vollzähligkeit und Unversehrtheit prüfen.
- **Sichern:** Meldung an übergeordnete Führung (Wo, Wann, Wer, Wie, Was?), Rundumsichern, Hinweise auf Folgeanschlag beachten (der herbeieilende Hilfskräfte verheerend treffen kann), Verletzte versorgen.
- **Suchen:** Kräfte zusammenhalten, Vermisste usw. suchen, Beweismittel sichern.
- **Sanitätsversorgung** sicherstellen.

- **Ausweichen:** Eigene Kräfte in Sicherheit bringen; im sicheren Bereich – evtl. in Sichtweite – weiter durch Beobachten evtl. Kenntnisse über die Täter gewinnen.

6.3 Sicherheitscheck bei IED/UXO Bedrohung

Gegen die Gefahren, die von UXO und/oder IED ausgehen, hilft vor allem Aufmerksamkeit. Es hat sich in der Vergangenheit herausgestellt, dass Personen, die bei einem Anschlag zugegen waren, eine deutlich höhere Überlebenschance hatten, wenn sie sich in einem Mindestabstand von rd. 25 Meter von der Explosion befanden. Daraus wurde in der Praxis ein „zweiphasiger" Sicherheitscheck entwickelt, der im Soldatenjargon „5/25" genannt wird.

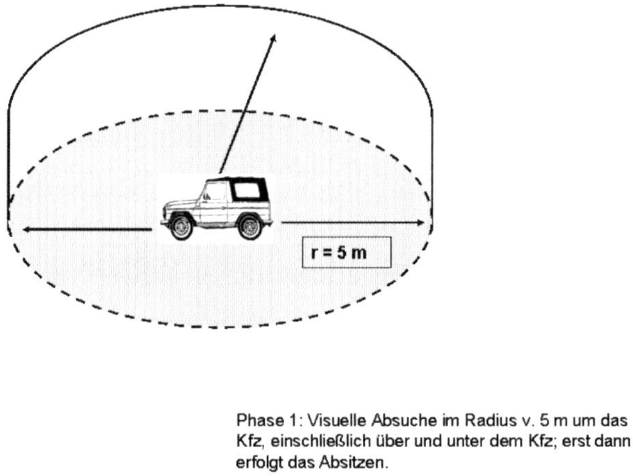

Abbildung 6-6-1: Visuelle Absuche im 5 m Bereich rund um das Kfz

Die 1. Phase des 5/25-Checks wird in der Abbildung 6 – 6 - 1 dargestellt. Das Kfz hat gestoppt, der Motor läuft mit etwas erhöhter Drehzahl, der

Gang bleibt eingelegt, der Fuß ist auf der Kupplung. Die Besatzung verbleibt im Kfz. Von dort aus sucht die Besatzung vom Kfz aus mit den Augen in einem gedachten Radius von 5 Metern in den zugewiesenen Beobachtungsbereichen nach verdächtigen Gegenständen, die auf eine IED/UXO-Bedrohung hinweisen könnten. Mülleimer, Gullideckel, Müllhaufen usw. sind potenziell verdächtig und daher sowohl bei dem Sicherungshalt als auch beim späteren Halt möglichst zu meiden. Dabei ist Augenmerk unter das Fahrzeug (Tür auf, herausbeugen) sowie nach oben (Baumkronen, Wohnbebauung usw.) zu legen. Die Männer melden dabei ihrem Führer ob Gefährdungen erkannt wurden, oder ob der 5-m-Bereich „frei“ ist. Ziel ist es, dass eine durchgängige und lückenlose „Hülle“ mit einem Radius von 5 m überprüft wurde. Melden die Männer übereinstimmend ihren Bereich als „frei“, erfolgt vom Führer auf dem Kfz der Befehl zum Absitzen und Durchführung des 25-m-Checks. Werden ein oder mehrere Hinweise auf eine akute Bedrohung erkannt, warnt der erkennende Mann sofort davor. Sofort nach dem Warnruf verlässt das Kfz (bzw. der Konvoi) zügig den gefährdeten Bereich [deshalb die erhöhte Motorendrehzahl, um den Motor beim zügigen Ausweichen nicht unnötigerweise abzuwürgen].

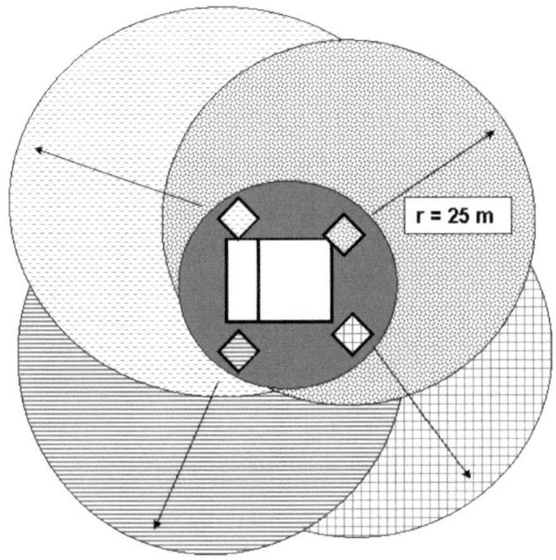

Phase 2: Visuelle Absuche aus dem „sicheren“ 5 m – Bereich heraus. Jeder Mann prüft im Radius 25 m das Umfeld auf verdächtige Gegenstände, auch über sich.

Abbildung 6-6-2: Visuelle Absuche des 25-Meter-Bereichs

In der Abbildung 6 – 6 – 2 wird die zweite Phase des Sicherheitschecks beschrieben. Das Fahrzeug steht mit laufendem Motor – wenn möglich bleibt der Kraftfahrer im Kfz. Ein Teil der Besatzung sitzt ab, bleibt aber im vorher als „sicher“ ermittelten 5-Meter-Bereich. Die auf dem Kfz verbleibenden Männer sichern ihre abgesessenen Kameraden. Wiederum suchen die Männer ihre Beobachtungsbereiche ab, jetzt in einem gedachten Radius von rd. 25 m. Dabei werden auch Ferngläser etc. eingesetzt, um kleinere Gegenstände in Augenschein nehmen zu können. Dabei ist ebenfalls Augenmerk nach oben (Baumkronen, Wohnbebauung usw.) zu legen. Die Männer melden dabei ihrem Führer, ob Gefährdungen erkannt wurden oder ob der 25-m-Bereich „frei“ ist. Ziel ist es, dass eine durchgängige und lückenlose „Hülle“ mit einem Radius von 25 m überprüft wurde. Melden die Männer übereinstimmend ihren Bereich als „frei“, erfolgt vom Führer der Befehl zur Durchführung des eigentlichen

Kernauftrages, wie zum Beispiel die Errichtung eines zeitlich begrenzten Kontrollpunktes oder die Abwicklung eines technischen Haltes. Werden ein oder mehrere Hinweise auf eine akute Bedrohung erkannt, warnt der erkennende Mann sofort davor. Die Männer sitzen zügig auf. Danach verlässt das Kfz (oder der Konvoi) unverzüglich den gefährdeten Bereich.

6.4 Marsch

Der Marsch ist kein Selbstzweck. Er dient dazu, die Einsatzkräfte zeitgerecht, möglichst vollständig und dabei einsatzfähig an einen neuen Einsatzort zu bringen. Die Art und Weise des Marsches (Formation, Gliederung, Geschwindigkeit) hängt insbesondere von der Lage und dem Auftrag ab.

Der Marsch zu Fuß ist an dieser Stelle genauso wenig Gegenstand, wie der Marsch mit Transporthubschraubern. Die am häufigsten angewendete Art zu marschieren ist der Marsch mit dem Kfz. Vom Marsch mit Kfz wird gesprochen, wenn sich drei oder mehr Kfz unter einheitlicher Führung geschlossen bewegen.

Die Gruppe wird je nach Auftrag alleine, im Rahmen des Zuges oder der Kompanie/Hundertschaft marschieren. Evtl. wird die Gruppe im Rahmen des Zuges oder der Kompanie eingesetzt (z.B. Konvoischutz). Daher kann die Gruppe unter anderem folgende besondere Aufgaben erhalten: **Spitzengruppe im Spitzenzug oder schließende Gruppe als Nachhut.**

Kräfte auf dem Marsch, insbesondere Nachzügler", Liegengebliebene, Schließende usw. müssen immer mit Überfällen, Hinterhalten und Sabotageakten von irregulären Kräften rechnen. Dies gilt besonders für Stellen, an denen langsames Fahren erforderlich ist oder leicht erzwungen werden kann (Ortschaften, Wälder, Brücken, Furten usw.). Geraten eigene Kräfte in Gruppen stärke in einen Hinterhalt, eröffnen sie sofort das Feuer, brechen durch oder weichen aus.

6.4.1 Vorbereitung für den Marsch auf Kfz

Vor Beginn des Marsches gibt der entsprechende Führer einen Vorbefehl an seine Einheit, der ZUGFÜHRER an seinen Zug, der GRUPPENFÜHRER an seine Gruppe. Vorbefehle haben den Sinn, zeitliche Reserven zu schaffen. Die eingesetzten Kräfte beginnen also mit standardisierten Vorbereitungsmaßnahmen, ohne den Auftrag im Detail schon zu kennen. Ein solcher „Vorbefehl für den Marsch“ enthält meist:

- Die voraussichtliche Abmarschzeit
- Das Marschziel
- Den Auftrag nach Erreichen des Marschziels
- Die Maßnahmen und Zeitpunkt zum Herstellen der Marschbereitschaft
- Die Einzelheiten zur Versorgung
- Die Maßnahmen bei besonderen Wetter- und Sichtverhältnissen, wie Aufziehen der Schneeketten oder Gleitschutzketten, Mitnahme von Sandblechen etc.

Der Führer trifft die Marschvorbereitungen so, dass die von ihm geführten Kräfte zur befohlenen Zeit marschbereit sind. Er überwacht das Herstellen der Marschbereitschaft, erkundet, ob und wie er sich ggf. in die Marschkolonne (z.B. beim Begleiten eines Konvois) einzugliedern hat und bereitet, wenn nötig, eine Marschskizze vor. Hierzu zählt auch, wenn eine Marschskizze mit dem Befehl übergeben wird, eine Liste mit den zu durchfahrenden Ortschaften anzufertigen oder wichtige Wegpunkte in das GPS-Gerät einzugeben. Dabei ist stets zu berücksichtigen, dass moderne Technik ausfallen oder in die Hände von irregulären Kräften fallen könnte. Eine zusätzliche (Papier-) Karte oder Liste schadet genauso wenig wie das Mitführen eines Kompasses, trotz moderner GPS-Technik. Die Vernichtung von Unterlagen oder das Löschen von Speicherkarten muss jederzeit möglich sein. Aus erbeuteten Skizzen, Handkarten oder GPS-Geräten etc. darf der Gegner keinen Nutzen ziehen können. Die Führer achten darauf, dass die Einsatzkräfte, insbesondere die

Kraftfahrer, vor dem Marsch ausreichend ruhen können. Die Unterbringung von Kraftfahrern abseits der übrigen eingesetzten Kräfte hierzu kann sinnvoll sein.

Auch wenn die Marschstrecke gekennzeichnet bzw. ausgeschildert ist, prüft der GRUPPENFÜHRER während des Marsches ständig anhand seiner Karte, Marschskizze oder GPS, ob er sich noch auf dem Marschweg befindet. Die übrigen Gruppenmitglieder unterstützen ihn dabei. Dazu ist es wichtig, dass jeder Mann über den Befehl für den Marsch informiert ist und diesen verinnerlicht hat.

Nach dem Marschbefehl des ZUGFÜHRERS an die oder den GRUPPENFÜHRER setzen diese den Zug-Befehl in einen Gruppen-Befehl um. Jeder einzelne GRUPPENFÜHRER erteilt einen Befehl für den Marsch an seine gesamte Gruppe.

Jeder Mann muss das Marschziel und die Kennzeichnung der Marschstrecke kennen. Marschbereitschaft ist hergestellt, wenn

- die Kfz technisch durchgesehen und einsatzfähig sind,
- die Ausstattung vollständig ist,
- die Kfz beladen und betankt sind,
- der Marschbefehl allen Männern bekannt ist,
- die Kfz, wenn erforderlich, entsprechend markiert sind (z.B. mit Flaggen und Marschkreditnummer versehen),
- die Waffen sich in den vorgeschriebenen Halterungen befinden und
- die Männer ihre Beobachtungsbereiche kennen, aufgesessen sind oder bereit sind zum Aufsitzen.

Die Beobachtungsbereiche der Männer müssen sich „überlappen" – es darf keine toten Räume geben.

Und jeder Mann sollte stets „mehr als halbwegs" den eigenen Standort wissen, um Hilfe anfordern zu können. Dies gilt auch außerhalb des Marsches.

Nachfolgendes gekürztes Beispiel aus GUNTER [1993] mag die Auswirkungen verdeutlichen, was falsche oder fehlende Ortsangaben im Einsatz bedeuten können. Demnach meldete ein deutscher Spähtrupp, bestehend aus 22 Soldaten, durchgängig mit automatischen Waffen sowie einem Tornisterfunkgerät ausgerüstet, am 04.02.1944 um 12:00 Uhr Mittags erstmals, dass er angegriffen werde. Der weitere Verlauf sieht so aus:

- Stets unpräzise Meldungen über den Standort seitens des Spähtrupps.
- Mehrmaliges in Marsch setzen von Verstärkungskräften durch die Bataillonsführung, ohne den genauen Standort zu kennen.
- Fehlendes Einholen von Informationen über den Standort des Spähtrupps seitens des Bataillons bis 14:50 Uhr (demnach kämpfte der Spähtrupp seit fast drei Stunden, ohne dass das Bataillon seinerseits durch präzises Nachfragen versuchte, den Standort zu ermitteln und wirksam Hilfe zu senden).
- Letzte Meldung des Spähtrupps über Funk gegen 16:00 Uhr.

Der Spähtrupp wurde wegen „Unerreichbarkeit" vollständig vernichtet. Bis zum Schluss waren die Verstärkungskräfte mehrfach, obwohl diese vor Ort jeweils keine Hinweise für den Spähtrupp fanden oder Gefechtslärm vernahmen, zum selben (falschen) Ort gesandt worden.

Demnach achtet der GRUPPENFÜHRER darauf, dass seine Männer stets den Standort wissen und informiert im Einsatz stets über denselben: ***„Männer! Wir überschreiten Meldelinie ADLER!"*** oder ***„Männer! Wir passieren Meldepunkt BRAVO".*** Und allen Technikbegeisterten sei gesagt, dass GPS-Geräte ausfallen, wenn man es am wenigsten braucht – das „Mitlesen" der eigenen Bewegung auf der Skizze und Karte ist Daueraufgabe des GRUPPENFÜHRER bzw. des dazu eingeteilten Mannes.

„Beweglichmachung des ZgTrp Variante I

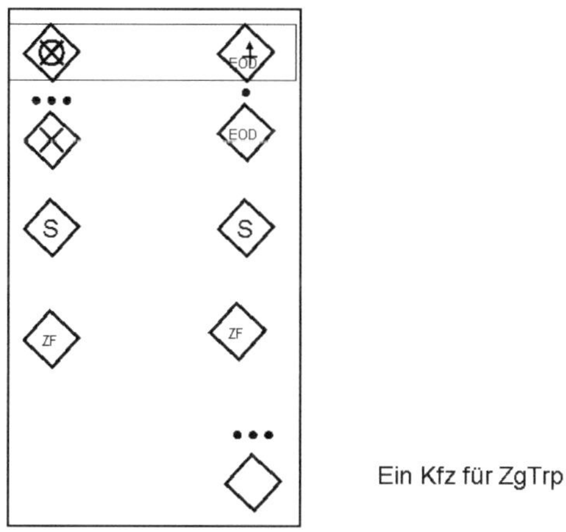

Abbildung 6-6-3: ZugTrp der Variante I, aufgesessen

Abbildung 6-6-3 stellt eine Variante dar, wie der ZugTrp sich auf sein Kfz verteilt. Je nach Fahrzeugtyp oder Gliederung kann und wird von dieser Variante abgewichen werden (müssen).

„Beweglichmachung der Gruppe Variante I

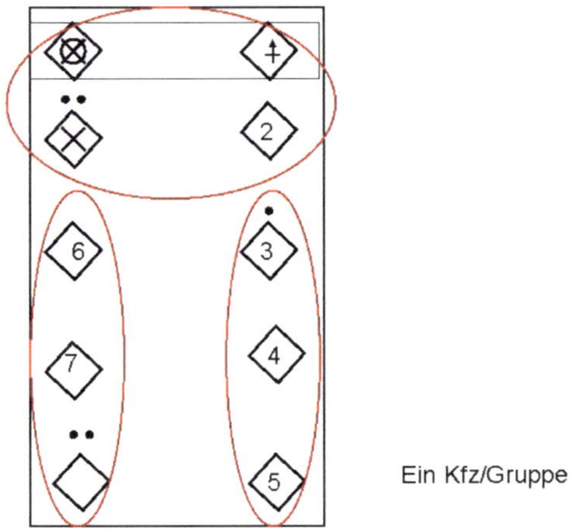

Abbildung 6-6-4: Gruppe der Variante I, aufgesessen

Abbildung 6-6-4 stellt eine Variante dar, wie der Gruppe sich auf ihr Kfz verteilt. Je nach Fahrzeugtyp oder Gliederung kann und wird von dieser Variante abgewichen werden (müssen). Hier wird davon ausgegangen, dass die Gruppe über ein Kfz verfügt. Die einzelnen Trupps sind nochmals zur Verdeutlichung rot markiert. Auch im Kfz herrscht Arbeitsteilung.

Trupp- und Gruppen-Kfz

Geländegängiges Trupp-Kfz, ungeschützt, max. 8 Sitzplätze

Geländegängiges Gruppen-Kfz, ungeschützt, bis 10 Sitzplätze

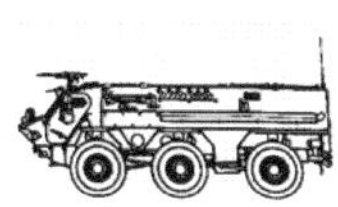

Geländegängiges Gruppen-Kfz, geschützt, bis 10 Sitzplätze

Abbildung 6-6-5: Vereinfachte Darstellung von Trupp- und Gruppen-Kfz

Die in Abbildung 6-6-5 dargestellten Kfz machen deutlich, dass es ein festes, allgemeingültiges Schema nicht geben kann. Je nach Kfz-Ausstattung wird es die unterschiedlichsten Ansätze geben. Landrover und Toyota-Geländewagen mit langem Radstand und längs eingebauten Sitzbänken bieten bis zu 8 Personen Platz. Die Variante I orientiert sich am geländegängigen Gruppen-Kfz vom Typ UNIMOG. Werden gepanzerte Kfz vom Typ „Boxer“, „Dingo“ oder „Fuchs“ genutzt, sind andere modifizierende Ansätze nötig, als beispielsweise bei der Verwendung eines Mercedes G (Wolf) oder Landrover. Gerade bei den Kleinfahrzeugen, die in Lang- und Kurzversionen im Einsatz sind, ist darauf zu achten, dass sie über mindestens 5 Türen (schnelles Auf- und Absitzen) oder Schiebetüren beidseitig verfügen (wenn es keine PickUps oder Kfz mit Planverdeck sind). Das schnelle Auf- und Absitzen sowie Einnehmen von Schutzformationen ist zu üben. Geschlossene Kleinfahrzeuge sollten über eine ausreichend große Dachluke verfügen, wenn gegenseitiges Überwachen mit automatischen Waffen praktikabel sein soll. In diesen Fällen sollte die Dachluke mindestens mit einer behelfsmäßigen Gewehrauflage versehen sein (Sandsack befestigen). Ein Insasse stellt sich darauf ein, Magazine oder Gurte in der Enge des Kfz dem Mann in der Luke anzureichen.

Es gibt eine Vielzahl von Befehlsschemata für Märsche. Exemplarisch wird hier das Befehlsschema für einen Spitzenzug vorgestellt, da es den Aufgaben im Einsatz nahe kommt. Es kann, ja muss, je nach Auftrag natürlich modifiziert werden. In diesem Schema finden sich Infanteriekräfte als Gruppe am Beispiel der Spitzengruppe ebenso wieder wie ein gesamter Zug als „Organ". Ebenso taugt das Beispiel für Personenschützer, wenn sie es für sich modifizieren, oder für Polizeikräfte.

Marschbefehl für den Spitzenzug
1. Lage a) Feind b) Eigene Lage (Lage, Auftrag, Absicht der übergeordneten Führung) c) Unterstellungen
2. Auftrag (des Spitzenzuges) • Marschziel • Verhalten bei Erreichen des Marschziels
3. Durchführung **Eigene Absicht mit kurz gefasstem Operationsplan** • Gliederung des Spitzenzuges • Art des Vorgehens **Aufträge** • Abmarschzeit • Ablaufpunkt/Startpunkt

- Auslaufpunkt/Endpunkt
- Marschstraße
- Marschabfolge
- Marschabstände
- Geschwindigkeit
- Technischer Halt, Rast
- Auftrag an die Spitzengruppe
- Sicherungsbereiche
- Bereitschaftsgrad
- Art des Vorgehens
- Verhalten beim Durchfahren von Ortschaften, Engstellen usw.
- Verhalten bei Feindberührung
- Verhalten bei Sperren
- Verhalten … (z.B. IED, UXO usw.)
- Feuerregelung

Maßnahmen zur Fliegerabwehr

- Luftraumspähdienst
- Feuerregelung
- Bereitschaftsgrad zur Fliegerabwehr

Maßnahmen zur ABC-Abwehr

- ABC-Alarmposten
- Meldedosis

4. Einsatzunterstützung

- Versorgung mit MVG
- Platz des SanTrp/WtgTrp
- Verhalten bei Kfz-Ausfall

5. Führungsunterstützung • Funkverbindung • Schutzmaßnahmen Fernmeldeverkehr • Verbindungen/Alarmierungszeichen • Parole • Platz des Führers • Uhrzeitvergleich

Tabelle 6-1: Befehl für den Spitzenzug in Anlehnung an BELLMANN & SCHRADER [2001]

Die Tabelle 6-1 ist ein Anhalt für einen Befehl. Die Gliederung des „Spitzenzuges" kann unterschiedlich sein. Dieses Befehlsschema kann dem ZUGFÜHRER/GRUPPENFÜHRER als „Prüfliste" dienen, die es beim Erteilen des Befehls abzuarbeiten gilt. Damit wird auch vermieden, dass bei einer Befehlsausgabe zu viele Fragen offen bleiben. Je nach Lage muss er modifiziert werden. Erfolgt der Marsch beispielsweise unter IED-Bedingungen, wird hier ein Schwerpunkt des Befehls liegen (müssen). Erfolgt der Marsch aber beispielsweise unter Luftbedrohung, werden Maßnahmen zu Fliegerabwehr einen hohen Stellenwert haben. Hieraus ergeben sich dann auch andere anzuwendenden Verfahren und Einsatzgrundsätze. Hieraus leitet sich ab, dass im Einsatz der Befehl lageangepasst zu sein hat, also nicht einfach „lieblos" eine Checkliste ohne Sinn abgearbeitet wird und bei Übungsaktivitäten immer eine Lage zu Grunde zu legen ist.

Vorschlag für die Gliederung des Spitzenzuges, durch Pioniertrupp verstärkt

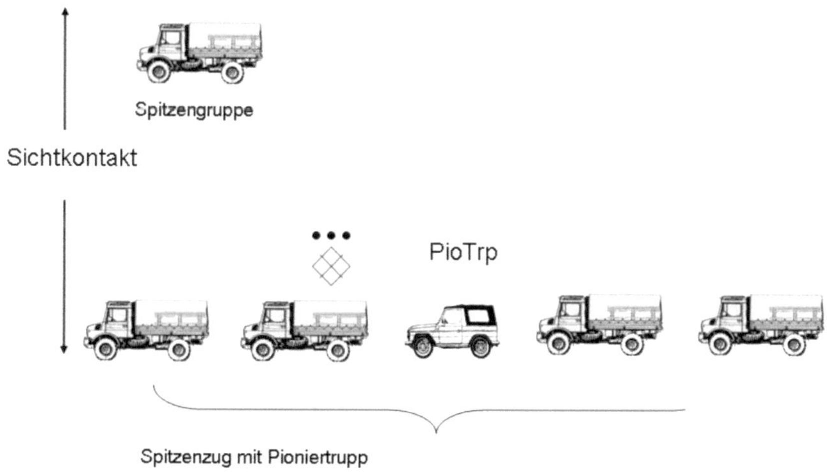

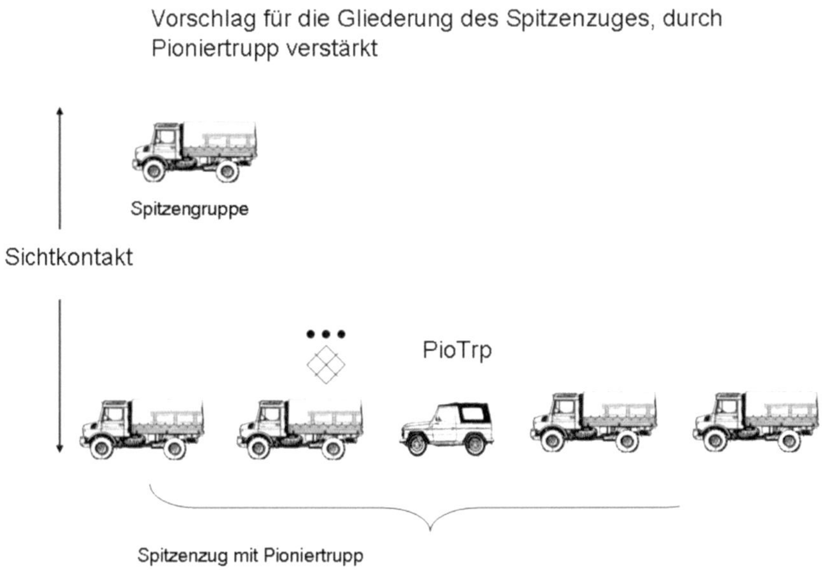

Abbildung 6-6: „Arbeitsgliederung" eines Spitzenzuges

Die in Abbildung 6-6 dargestellte Arbeitsgliederung dient dem Leser als Anhalt. Sie orientiert sich grundsätzlich an der bereits durchgängig betrachteten Arbeitsgliederung I des Zuges, hier mit geländefähigem Gruppen-Kfz UNIMOG beweglich gemacht. Der „Wolf" symbolisiert das Kfz des PionierTrp. Es handelt sich demnach um einen „verstärkten" Zug. Natürlich kann und wird in der Realität von diesem Modell abgewichen werden. So ist im Einsatz die Verwendung des ungeschützten UNIMOG wahrscheinlich die Ausnahme. Ebenso wird der ZUGFÜHRER evtl. einen SanTrp anfordern usw. Es geht hier aber um das Grundprinzip, das im Einzelfall Abwandlungen erfährt.

Es ist auch nicht zwangsläufig so, dass das Kfz des ZUGFÜHRER sich an erster Position befindet. Dem ZugTrp kann ein SanTrp oder ein Pioniertrupp zugeordnet werden. Auch steht es dem ZUGFÜHRER frei, solche Kräfte zu beantragen, wenn er dies für notwendig hält. Sanitäter und/oder Pionierkräfte werden, wenn dies zweckmäßig erscheint, nicht jeweils geschlossen auf einem Kfz eingesetzt. Wird dieses durch den Gegner erfolgreich bekämpft, wäre damit die gesamte Sanitäts- oder Pionierkomponente ausgefallen. Ebenso kann es sinnvoll sein, das SanKfz und die Sanitäter nicht als solche zu kennzeichnen, damit diese nicht gezielt angegriffen werden können. Diese Handlungsweise der Bundeswehr wurde in den deutschen Medien in 2009 für das Einsatzgebiet Afghanistan sogar öffentlich verlautbart [SANITÄTSDIENST DER BUNDESWEHR 2009].

6.4.2 Marsch auf Kfz

Die Spitzengruppe

Die Spitzengruppe fährt dem Spitzenzug so voraus, dass Sichtkontakt besteht und er ihre Bewegungen mit seinen Waffen überwachen kann. Der Auftrag der Spitzengruppe ist die Erkundung der Marschstrecke. Sie hat ebenso den Auftrag, Erkenntnisse über den Gegner, Hindernisse oder Sperren zu sammeln und zu melden. Schwachen Gegner wirft die Spitzengruppe, um den nachfolgenden Kräften den verzugslosen Marsch zu ermöglichen. Kann sie den Gegner wegen seiner Stärke nicht werfen, bindet sie ihn durch ihr Feuer, bis der Spitzenzug eintrifft. Die Spitzengruppe richtet ihre Marschgeschwindigkeit an der folgenden Marscheinheit (Spitzenzug) aus. Dabei muss sie nach Beobachtungshalten rasch wieder den befohlenen Abstand einnehmen. In übersichtlichem Gelände bewegt sie sich daher mit hoher Geschwindigkeit und gewinnt hierdurch Zeit für Beobachtungshalte an unübersichtlichen Stellen. Trifft die Spitzengruppe auf eine Sperre oder eine Geländeverstärkung, meldet sie diese unverzüglich. Je nach Auftrag umgeht sie die Sperre dann weiträumig oder beseitigt (nimmt/wirft) diese. Trifft die Spitzengruppe überraschend auf den Gegner, wird dies unverzüglich dem ZUGFÜHRER gemeldet. Der GRUP-

PENFÜHRER entschließt sich zum Durchbrechen (Weiterfahren) oder zum Absitzen und Kämpfen. An das Urteilsvermögen des GRUPPENFÜHRER wird daher ein hohes Maß angelegt. Eine andere Variante ist es, die Spitzengruppe auf zwei Kfz zu verteilen und nach den Grundsätzen des „Spähtrupps auf Kfz" vorausfahren zu lassen. In diesem Falle wird der Führer der Spitzengruppe einen gesonderten Befehl für den Spähtrupp erhalten.

Abbildung 6-7: Spitzengruppe eingesetzt nach den Grundsätzen des Spähtrupps auf Kfz

Verfährt man, wie in Abbildung 6-7 dargestellt und wird die Spitzengruppe auf zwei Kfz verteilt (damit diese nach den Grundsätzen des Spähtrupps auf Kfz agieren kann), müssen überzählige Männer möglicherweise auf die verbleibenden Kfz verteilt werden, wenn kein weiteres zur Verfügung gestellt werden kann. Der Vorteil ist, dass die Spitzengruppe weiter vor dem Spitzenzug aufklären kann; die Distanz beträgt ca. 2 – 5 Minuten. Bei einer Marschgeschwindigkeit von 30 – 40 km/h des Spitzenzuges bedeutet dies, sich ca. 1000 m (2 Minuten bei 30 km/h) bis ca. 3500 m (bei 5 Minuten und 40 km/h) vor den eigenen Kräften zu bewegen.

Spitzenzug

Der Spitzenzug sichert sich nach vorn durch eine Spitzengruppe. Diese darf nur so weit vor den folgenden Teilen des Zuges fahren, dass der Zugführer ihre Bewegungen jederzeit überwachen kann. Es sei denn, die Spitzengruppe wird eingesetzt wie ein Spähtrupp, dann ist die Distanz deutlich größer. Der Zug kann dann die Gruppe mit seinen Waffen nicht unterstützen. Einer gesicherten Kommunikationsverbindung zwischen dem Spähtruppführer und dem Führer des Spitzenzuges kommt damit hohe Bedeutung zu. Trifft die Spitzengruppe auf ein Hindernis oder auf eine Sperre, meldet sie diese und geht zunächst so in Stellung, dass sie auf das Hindernis bzw. auf die Sperre wirken kann (Aufbau von Feuerschutz). Der ZUGFÜHRER setzt Aufklärung (Bewegung) an und meldet der nächst höheren Führungsebene den Grund der Bewegungsstockung. Hierbei kann es sich sowohl um ein „natürliches Hindernis" als auch um eine gegnerische Handlung handeln. Kann der Spitzenzug das Hindernis nicht beseitigen, wird dies unverzüglich der nächst höheren Ebene gemeldet. Sie entscheidet, ob die nachfolgenden Kräfte das Hindernis umgehen werden. Hieraus ergibt sich für den Spitzenzug meist ein neuer Auftrag.

Handelt es sich um eine gegnerische aggressive Handlung (z.B. vom Gegner gesicherte Sperre) und kann dieser mit den zur Verfügung stehenden Kräften nicht niedergekämpft oder örtlich umgangen werden, muss die Sperre von den nachfolgenden Kräften weiträumig umgangen werden. Die nächst höhere Führungsebene entscheidet, ob Kräfte an der Sperre verbleiben, um diese zu überwachen („Auge am Gegner"). Sie befiehlt die Erkundung für eine weiträumige Umgehung. Hierzu werden in der Regel dann andere Kräfte eingesetzt.

Dem Urteilsvermögen des ZUGFÜHRERS, insbesondere aber auch der Präzision seiner Meldung (Trennung zwischen Sehen, Wissen und Vermuten), kommen hier hohe Bedeutung zu. Dazu gehört auch, dass ZUG- und GRUPPENFÜHRER ihrerseits der übergeordneten Führung nach der Lagemeldung Vorschläge anbieten.

Marschunterbrechung

Jederzeit kann es zu Marschunterbrechungen kommen. Auflockerung gegen Bedrohung aus der Luft usw. ist dabei nicht Gegenstand der nachfolgenden Betrachtung. Vielmehr stehen Schutzformationen im Vordergrund die sich auf dem Marsch jederzeit ergeben können wie beim „Technischen Halt", bei Gegenwart einer Menschenmenge, einem natürlichen Hindernis (Steinschlag, umgestürzter Baum usw.). Infolge solcher Stockungen besteht immer die Möglichkeit, dass Personen auftreten, welche auf die Gruppe oder den Zug friedlich oder auch unfriedlich einwirken möchten und können. Die nachfolgenden Verfahren und Formationen sind kein Dogma, sondern Denkanstöße. Die Praxis und die Lage kann es erfordern, sie wie dargestellt, modifiziert oder auch vollkommen anders anzuwenden. Wichtig ist, dass die Männer diese Formationen kennen und wie Standardsituationen beim Fußball „spielen" können.

Kurzer Halt

Beim kurzem Stopp (ca. 3 – 5 Minuten), Fahrt in Schrittgeschwindigkeit oder bei einem Halt, bei dem das Einwirken von Menschen nicht auszuschließen ist, bietet sich nachfolgende Schutzformation an. Sie verhindert, dass Personen an das Kfz zu nahe herantreten bzw. auf das Kfz klettern; vorausgesetzt, die Einsatzkräfte wirken auf diese Personen (angemessen) ein. Ihr geht möglichst ein 5m-Sicherheitscheck voraus. Diese Formation gilt zunächst einmal für jedes Kfz in der Marschformation. Motoren bleiben an, die Waffenanlagen bleiben besetzt.

Marsch mit Kfz - Schutzformationen beim Halt

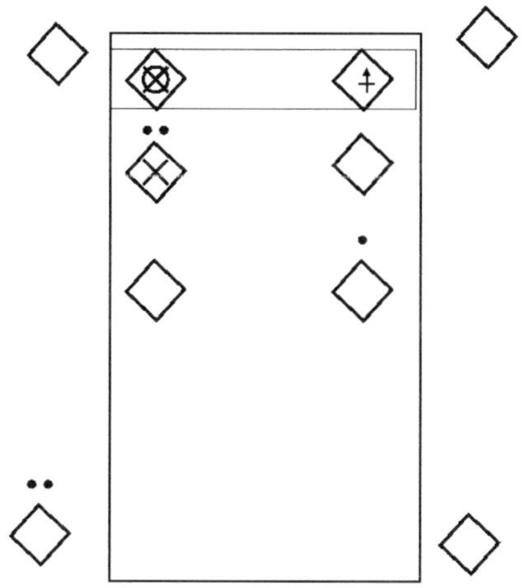

Abbildung 6-8: Schutzformation am Einzel- Kfz

Befindet sich vor dem Kfz oder vor der Marschgruppe ein Hindernis oder eine Menschengruppe, kann nachfolgende Formation zweckmäßig sein. Dem Voraus geht möglichst der 5/25m-Sicherheitscheck, die Besetzung der Waffenstationen (oder Drehringlafette) und evtl. das Auslegen weiterer Sicherungskräfte (unter Berücksichtigung der Eigensicherung).

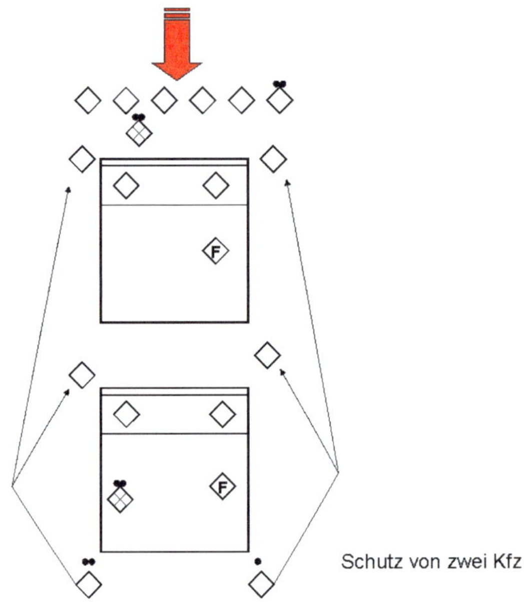

Abbildung 6-9: Schutzformation am Kfz; Hindernis vor der Marschkolonne

Abbildung 6-9 zeigt das Prinzip der Schutzformation, wenn vor der Kolonne ein Hindernis auftritt. Das kann ein natürliches Hindernis sein, jedoch auch eine Menschenmenge. Das hintere Kfz übernimmt den Schutz beider Fahrzeuge (Rundumbeobachtung), während die Kräfte des vorderen Kfz sich dem Hindernis zuwenden (hier als „Postenkette" gezeigt). Der GRUPPENFÜHRER und der Funker (F) sowie der Kraftfahrer bleiben zunächst auf dem Kfz. Der notwendige Sicherheitscheck, das Einhalten von Abständen zwischen den Kfz sowie zum Hindernis muss lageangepasst geschehen.

Unter den aktuellen Einsatzbedingungen (Friedensmissionen) erscheint meist ein dichtes Aufrücken der Kfz zueinander sehr zweckmäßig. Dies verhindert, dass fremde Personen zwischen sie treten können. Ein angemessener Abstand zum Hindernis (50m und mehr) ist auf alle Fälle zu wahren.

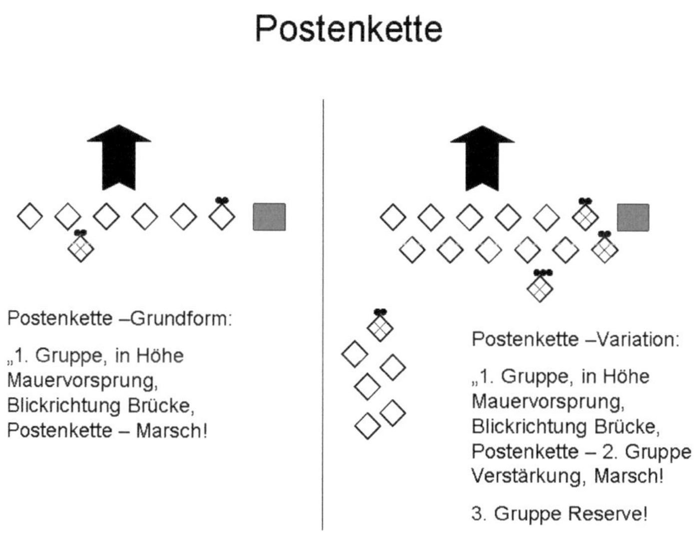

Abbildung 6-10: Einnahme der Schutzformation „Postenkette"

Die in der obigen Abbildung 6-10 gezeigte Formation der Postenkette ist ein „Anhalt" und muss, je nach Lage, angepasst werden. Die Befehlsgebung für die Postenkette orientiert sich wieder am Merkwort EREZA. Je nach Lage kann die Kette „einfach" sein oder aus mehreren Gliedern (Linien) bestehen. Sie erfordert viel Personal und ist sicherlich keine „Dauerlösung", da sie von Störern leicht umgangen werden kann und selber relativ unbeweglich ist. Gleichwohl ist sie schnell gebildet und eine gut ausgebildete Truppe kann hierdurch zügig den Weitermarsch des Zuges sicherstellen. Der fließende Übergang aus der Postenkette in eine andere geöffnete Ordnung wird notwendig sein, wenn aus der Störergruppe mit Distanzwaffen agiert wird.

Bei größeren Menschenmengen kann es sinnvoll sein, dass die genannten Formationen eingenommen werden und sich die Fahrzeuge dabei in

Schrittgeschwindigkeit weiterbewegen. Die Durchführung des Sicherheitschecks in solchen Situationen, da sich die Formation bewegt, ist schwierig.

Ebenso ist anzumerken, dass die Postenkette nicht unbedingt zwangsläufig in der gezeigten Form agieren muss. Soll das Hindernis beispielsweise hinsichtlich IED aufgeklärt werden, ist eine Art eingliedriger Postenkette in V-Form zweckmäßig. Dabei bewegt sich die Kette langsam und suchend zum Hindernis hin. Die Kette agiert dabei häufig als zum Hindernis offenes V. Hierdurch können frühzeitig Hinweise erkannt werden, die auf eine IED hinweisen.

Längerer Halt

Halte von deutlich über 5 – 10m Minuten Länge erfordern mehr „Aufwand". Je länger der Halt dauert, umso wahrscheinlicher werden größere Menschenansammlungen. Diese können, auch wenn zunächst friedlich, zum Problem werden. Die Situation kann aus den unterschiedlichsten Gründen eskalieren. Dies ist ein Grund, weshalb man die Menschen niemals anlügen sollte; der Nachfolger muss evtl. die falschen Versprechungen seines Vorgängers ausbaden und sieht sich und seine Männer dem Zorn der Anwesenden ausgesetzt. Ebenso gut kann ein potenzieller Gegner die Zeit für einen ad-hoc Anschlag nutzen. So berichten Afghanistan-Rückkehrer von Fällen, in denen es schon ca. 70 Minuten nach der ungeplanten Marschunterbrechung zu gezielten Anschlägen gegen die Marschgruppe gekommen ist. Daraus ergibt sich bei ungeplanten längeren Halten die Notwendigkeit zum 5/25m-Sicherheitscheck im Umfeld zum Zwecke der Zuweisung von Stellungen für Einzelschützen (z. B. Alarmposten, Scharfschützen). Die Waffenstationen der Kfz bleiben besetzt. Ob die Marschgruppe eine Art „Wagenburgformation" einnimmt, hängt von der Lage und dem Gelände ab.

Geplante, längere Halte (gezieltes Anfahren von Rasträumen) sind vor Marschbeginn zu befehlen und auszuarbeiten. Der Halteplatz sollte zu diesem Zweck, wenn überhaupt, bislang selten und unregelmäßig genutzt worden sein. Je unplanbarer das Verhalten für den Gegner ist, umso besser ist dies für den

Eigenschutz. Er sollte so gewählt werden, dass er vom fließenden Verkehr nicht direkt erreichbar und gut zu sichern/verteidigen ist.

Die Kfz fließen möglichst so in den Raum ein, dass in alle Richtungen gesichert werden kann und ein sicherer Innenraum entsteht. Dadurch sind spätere Versorgungs- und Wartungsarbeiten unter Schutz möglich (Wagenburgprinzip). Der 5/25 Sicherheitscheck ist unverzüglich durchzuführen. Durch Verwendung von Verkehrsleitmitteln sowie den Einsatz von Alarm- und Absperrposten wird dem fließenden Verkehr die Möglichkeit genommen, sich den eigenen Kräften unkontrolliert zu nähern. Hat sich die Marschgruppe dermaßen eingerichtet (Waffenanlagen bleiben besetzt), werden Alarmstellungen erkundet und zugewiesen. Stellungen auf Hügeln etc. können sich für den Beobachtungs- und Überwachungseinsatz eigener Scharfschützen anbieten.

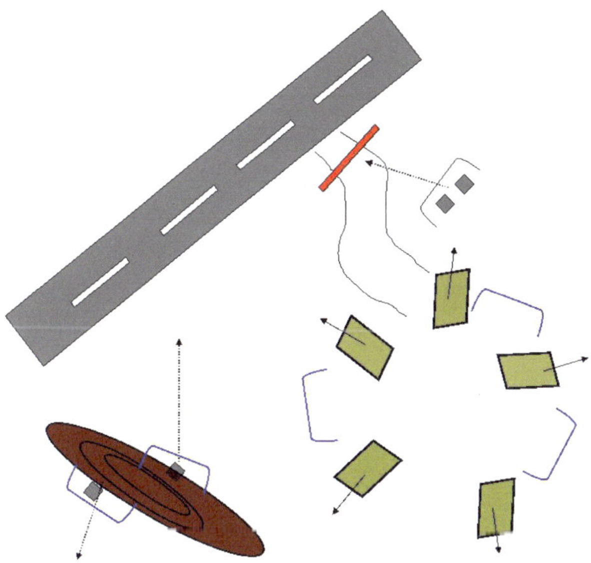

Abbildung 6-11: Zug im Rastraum – „Wagenburgprinzip“

Obige Abbildung 6 – 11 zeigt das Prinzip der Wagenburg. Im Schutze der Wagenburg kann die Marschgruppe (hier ein Zug) ihre Kernaufgabe erfüllen. Ein Doppelposten sichert den Zugang, Beobachter auf dem Hügel fungieren als Alarm- und Sicherungskräfte. Mit ihren Optiken können sie Lageentwicklungen frühzeitig erkennen und melden und, wenn die Lage es erfordert, mit ihren Waffen wirken.

Bei Nacht ist die Lichtdisziplin zwingend einzuhalten. Verkehrsleitmittel werden mit Leuchtmitteln (z. B. Leuchttrassierband oder Knicklichtern) dergestalt markiert, dass sie die eigenen Männer, die mit Nachtsehgeräten beobachten, nicht blenden und eigene Stellungen nicht ausleuchten.

Die Lage (und/oder die Position des Rastraumes) kann es aber auch erfordern, vollständig auf Beleuchtung zu verzichten.

Auftreffen auf den Gegner

Trifft die Spitzengruppe im Zuge ihres Auftrages auf einen Gegner und wird sie von ihm beschossen, lässt der GRUPPENFÜHRER das Kfz in eine nahe Deckung fahren. Er wird nach Möglichkeit den Führer des Spitzenzug über das Ereignis informieren (Wo, wann, wer, wie, was). Spätestens jetzt wird klar, dass jeder Mann in der Gruppe stets wissen muss, wo er ist. Fällt der GRUPPENFÜHRER aus, müssen alle anderen präzise die Lagemeldung absetzen können, um zu informieren und ggf. Verstärkungskräfte heranführen zu können.

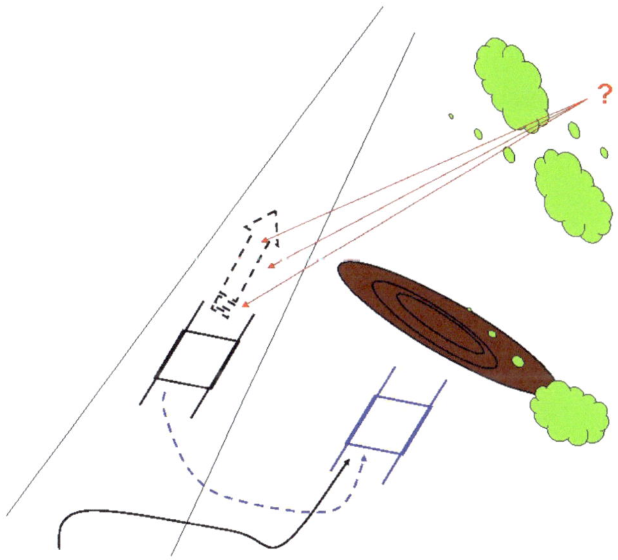

Abbildung 6-12: Die Spitzengruppe trifft auf einen Gegner oder vermutet diesen (Phase 1)

Abbildung 6 – 12 zeigt, dass sich die Spitzengruppe, je nach Lage, mit dem Kfz sofort in die Deckung bewegt oder dies erst, nachdem der Gegner erkannt wurde, erfolgt. Wenn notwendig, lässt der GRUPPENFÜHRER die Männer unter dem Feuerschutz des MG (wegen des Schutzes möglichst an der dem Feind abgewandten Seite) vom Gruppenfahrzeug absitzen. Fahrzeuge bieten, bauartbedingt, unterschiedlichen Schutz gegen Waffenwirkung. Der MG-Schütze sitzt unter dem Feuerschutz der Gewehrschützen ab.

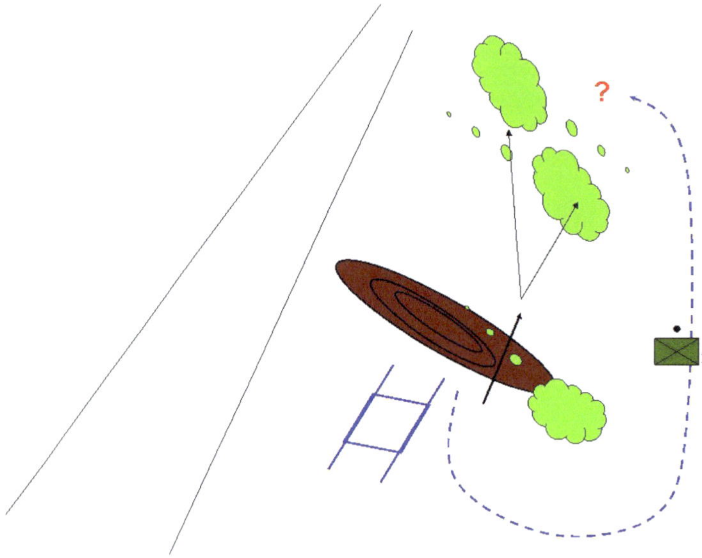

Abbildung 6-13: Aufbau des Feuerschutzes, Befehl für den Trupp zur Aufklärung (Phase 2)

In Phase 2 (Abbildung 6 – 13) wird unverzüglich der Feuerschutz aufgebaut. Je nachdem, wird mit dem MG überwacht oder schon mit Feuer der Gegner niedergehalten. Der GRUPPENFÜHRER kann das MG-Feuer und die gesamte Operation vom Kfz aus führen. Möglich ist es auch, sich mit dem Aufklärungstrupp (oder zwei Trupps) zu bewegen. Letzteres entspricht deutlich mehr dem Prinzip des „Führens von vorne". Wichtig ist der klare Auftrag (wer macht was, wann, wie, wo, und wozu), insbesondere die Feuerregelung zwischen Aufklärungstrupps (Bewegung) und MG (Feuer). Dabei ist zu bedenken, dass der Funkverkehr gestört werden oder ausfallen kann. Geländepunkte/Linien zur Feuerregelung, aber auch der Einsatz der Signalpistole sind ebenso zweckmäßig.

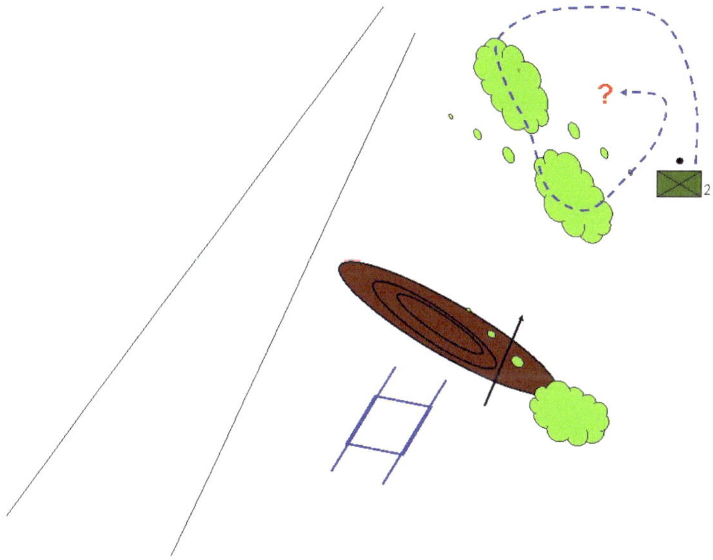

Abbildung 6-14: Aufklärung am „Objekt" (Phase 3)

In der Phase 3 (Abb. 6 – 14) erfolgt die Aufklärung am Objekt. Auch hier gibt es „dutzende" von Möglichkeiten. Nachziehen des MG, weil es vor Ort benötigt wird, das kleeblattförmige oder spiralförmige Aufklären am Ort. Wahlweise ist der Gegner schon fort, war nie dort, ist schwach, stark, kämpft verbissen, weicht aus, hält, hat Minen gelegt… alles dies sind denkbare Möglichkeiten. In einem Befehl können nicht alle Variationen berücksichtigt werden; es würde auch dem Führen mit Auftrag widersprechen. Es sind aber Szenarien, die in der Einsatzvorbereitung zu bedenken und zu üben sind. Somit kommt beim Üben einer „Standardsituation" nie Langeweile auf. Vielmehr wird sie mit fortschreitendem Ausbildungsstand schwieriger und anspruchsvoller.

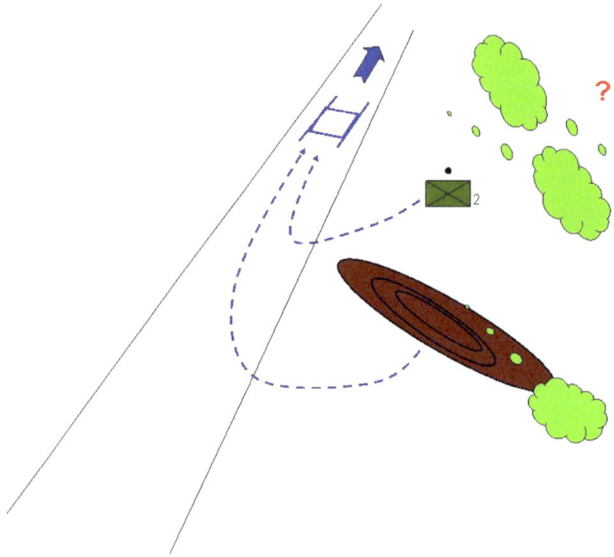

Abbildung 6-15: Aufklärung abgeschlossen – die Gruppe marschiert weiter (Phase 4)

Die Aufklärung ist beendet – die Abbildung 6 – 15 unterstellt den „glatten Verlauf" der Operation. Sofern keine weitere Gefahr besteht oder keine anderen Aufträge folgen, beziehen die Aufklärungstrupps Stellung rundum, gedeckt am Weg. Per Funk oder Zeichen zieht das Kfz nach, nimmt die Trupps zügig am Aufnahmepunkt auf und die Spitzengruppe setzt den Auftrag fort.

Aus den gezeigten vier Phasen lassen sich umfängliche Ausbildungsvarianten und Bilder ableiten! Insbesondere Phase 3 kann dazu dienen, zu einem späteren Zeitpunkt das Heranführen von Verstärkungskräften, die Verbindungsaufnahme, ihre Einweisung, das Führen eines Gegenstoßes usw. zu üben; also das Agieren im Verbund mit dem nachfolgenden Spitzenzug. Ebenso kann das Gruppenszenario auf den gesamten Zug übertragen werden.

6.5 Erkundung

Der Begriff des Erkundens bezieht sich zunächst weniger auf den Gegner als vielmehr auf das „Gelände". Erkunden ist „Daueraufgabe" (Ständige Aufgaben im Einsatz). Sämtliche „Daueraufgaben" erfolgen ohne besonderen Befehl und sollte dem GRUPPENFÜHRER oder ZUGFÜHRER, aber auch jedem Mann unter dem Merkwort VASE (HEERESAMT 2001) in Fleisch und Blut übergehen (V = Verbindunghalten, A = Aufklären, S = Sichern, E = Erkunden). Keine Information ist unwichtig. Damit sind beispielsweise Gangbarkeit des Geländes (Bodenbeschaffenheit, Straßen, Brücken, Hindernisse, Einrichtungen) gemeint. Dazu können, je nach Auftrag, auch (eigene) Stellungs-, Bewegungs- und Wirkungsmöglichkeiten gehören. Bei der Erkundung achten die Männer auf Abweichungen zwischen Karte und Gelände. Der GRUPPENFÜHRER dokumentiert diese Abweichungen. Hierzu zählen beispielsweise Veränderung der Vegetation (Kahlschläge und Rodungen), Zustand von Straßen, Wegen, Brücken (neu, alt). Wichtig sind auch Beobachtungen über das Verhalten von Mensch und Tier (Nutzvieh). Seine Erkundungsergebnisse meldet der GRUPPENFÜHRER unaufgefordert der nächst höheren Ebene.

Möglich ist auch, dass die Daueraufgaben (VASE) gesondert befohlen werden. Mit dem Erkundungsauftrag kann auch verbunden sein, Marschstrecken oder Räume auszuschildern. Ging ein Befehl zur Erkundung voraus, meldet der GRUPPENFÜHRER demjenigen, von dem er den Befehl erhalten hat, nach der Auftragsdurchführung das Erkundungsergebnis. In seiner Meldung trennt der GRUPPENFÜHRER stets deutlich zwischen dem, was er weiß bzw. gesehen hat und dem, was er vermutet. Das Anfertigen von Skizzen sowie der Einsatz einer Digital- oder Videokamera können beim Erkunden helfen, die Ergebnisse später zu belegen und zu präzisieren.

Die Erkundung soll bei ausreichender Sicht erfolgen. „Erkundung nach Gehör" ist keine Erkundung, wie nachfolgendes Beispiel deutlich macht:

„Vor dem Antreten über den S-Fluss melden die Erkunder wiederholt und übereinstimmend eine Flussbreite von 10 – 15 m. Ganz anders lautet die Meldung der am nächsten

Morgen antretenden Spitzen: „Am Ostufer starker Feind, Fluß 60 m breit, erbitten dringend Unterstützung“ [aus HEERESAMT 2001].

Der Befehl für die Erkundung kann auch für den Zug gelten. Es gibt durchaus Züge, deren Primäraufgabe im Erkunden und Verbindunghalten besteht. Die Erkundung kann dann auch mit anderen Kräften gemeinsam erfolgen (Pioniere). In einem solchen Fall wird der Erkundungsauftrag erweitert werden, beispielsweise um Einsatzräume und Stellungen, Möglichkeiten für gedeckte Bewegung (für Gegenstöße), Stellungen mit Beobachtungs- und Wirkungsmöglichkeiten auch bei eingeschränkter Sicht, Unterbringungsmöglichkeiten, Hubschrauberlandeplätze, Verbindungsmöglichkeiten, auch zu Nachbarn, Räume und Einsatzmöglichkeiten für die Reserve, Möglichkeiten für Geländeverstärkungen und Sperren. Diese Liste ist quasi unbegrenzt fortsetzbar.

Jede Erkundung ist zeitaufwendig. Um Zeit zu gewinnen, ist von Vorbefehlen Gebrauch zu machen. Dazu gehört auch das Auswerten von Karten und anderem Informationsmaterial, einschließlich das Einbeziehen Ortskundiger.

Wann immer möglich ist das Gelände auch aus der Sicht des Gegners und die Möglichkeiten seines Handelns zu erkunden und zu beurteilen.

Befehl für die Erkundung
1. Lage a) Feind b) Eigene Lage (Lage, Auftrag, Absicht der übergeordneten Führung) c) Unterstellungen
2. Auftrag (des Zuges/der Gruppe) • Erkundungsobjekt/Erkundungsgegenstand • Verhalten nach Durchführung der Erkundung

3. Durchführung

eigene Absicht mit kurz gefasstem Operationsplan

(mit Gliederung und Anzahl der der Truppenteile, für die erkundet werden soll.)

Aufträge (Erkundungsaufträge für)

- Stellungen und Räume
- Leistungsfähigkeit von Straßen und Wegen sowie Ortsdurchfahrten)
- Tragfähigkeit von Brücken und Übergangsstellen
- Behinderung durch andere Verkehrsteilnehmer
- Unterbringungsmöglichkeiten (Gefechtsstände, Räume für Einheiten und Teileinheiten....
- Einsatz von Sicherungskräften
- Möglichkeiten für Tarnung und Deckung
- Umgehungsmöglichkeiten bei Zerstörungen und Verwüstungen
- Geländehindernisse
- IED-, Minen-, UXO-Lage
- Stimmungsbild der Bevölkerung
- Möglichkeiten der Dekontamination
- Rastraum
- Sammelraum
- Form der Ausschilderung, Markierung von Wegen
- Zeit für die Erkundung
- Meldezeit, -ort und –form des Erkundungsergebnisses

Sicherung und Gefechtsaufklärung

Maßnahmen zur Fliegerabwehr • Luftraumspähdienst • Feuerregelung • Bereitschaftsgrad zur Fliegerabwehr **Maßnahmen zur ABC-Abwehr** • ABC-Alarmposten • Meldedosis
4. Einsatzunterstützung • Versorgung mit MVG • Versorgung Verwundeter • Verhalten bei Kfz-Ausfall
5. Führungsunterstützung • Funkverbindung • Schutzmaßnahmen Fernmeldeverkehr • Parole • Platz des Führers • Uhrzeitvergleich

Tabelle 6-2: Befehl für die Erkundung in Anlehnung an BELLMANN & SCHRADER [2001]

Die Tabelle 6-2 ist ein Anhalt für einen Befehl. Das ursprüngliche Schema von BELLMANN & SCHRADER wurde um die Punkte „IED-, UXO-, Minenlage“ sowie „Stimmungsbild der Bevölkerung“ ergänzt. Damit erhält das Erkunden dann durchaus Elemente einer „Patrouille“, die sich jedoch offen und erkennbar bewegt (siehe Kapitel Aufklärung). Dieses Befehlsschema kann dem ZUGFÜHRER/GRUPPENFÜHRER als „Prüfliste“ dienen, die es beim Erteilen/Erhalt des Befehls abzuarbeiten gilt. Die Möglichkeit, nachzufragen, sollte vom GRUPPEN- oder ZUGFÜHRER noch bei der Befehlsausgabe angesprochen werden. Es gibt keine dummen Fragen. Es gibt dumme Antworten, unaufmerksame Zuhörer (auf beiden Seiten, Führer und Geführte) und (oft der Lage geschuldet) lückenhafte Operationspläne. Gerade Erkunder und Aufklärer werden oft ohne oder mit einem Minimum an Informationen starten müssen – dafür sind sie da! Je nach Lage muss der oben genannte Befehl natürlich modifiziert werden.

6.6 Aufklärung

6.6.1 Der Spähtrupp (Grundsätze)

Über Spähtrupps ist viel geschrieben worden und wird es auch nach wie vor. Es gibt wahlweise Spähtrupps zu Fuß, auf Ski, auf Fahrrädern, auf Quads und auf Kfz. Es gibt gepanzerte, leichte, schwere und stehende Spähtrupps und es gibt Spähtrupps zur Sicherung. Und um die Begrifflichkeiten noch „bunter" zu machen: Die Schweizer sprechen von der „Schleichpatrouille" [siehe hierzu auch von DACH 1984], was insofern für Irritationen sorgen kann, als dass hier der Begriff der Patrouille wieder auftaucht, der an anderer Stelle bereits Verwendung fand.

Spähtrupps haben demnach aber auch unterschiedliche Aufgaben. Sie spüren den Gegner auf und halten mit ihm Fühlung, um Erkenntnisse über seine Stärke, Gliederung, Ausrüstung und Absicht zu erlangen. Ebenso überwachen sie Lücken oder Geländeabschnitte, wenn sie nicht ständig besetzt werden können oder sollen (wenn die Kräfte hierzu nicht ausreichen). Sie nehmen Verbindung zu Nachbarn etc. auf oder halten diese aufrecht und überwachen Objekte. Sie erkunden das Gelände und klären Sperren auf, womit wir eigentlich wieder beim „Erkundungsauftrag" wären…

Ständige Aufklärung ist die beste Sicherung und daher Daueraufgabe im Einsatz (VASE!) Die Vorbereitung für den Spähtrupp erfordert ausreichend Zeit, genauso wie die Durchführung des Aufklärungsauftrages selbst.

Spähtrupps zu Fuß werden bei geringer Aufklärungstiefe angesetzt und/oder wenn das Gelände „schwierig" ist (bedecktes, durchschnittenes, bewaldetes, bebautes Gelände). Spähtrupps zu Fuß haben eine Aufklärungstiefe von ca. 4 bis 5 km. Das bedeutet nicht, dass der Spähtrupp max. 5 km im Zuge des Auftrags zurücklegt – das Dreifache ist realistisch.

Der Personalansatz, die funktionale Zusammensetzung und Ausrüstung richten sich nach Lage, Auftrag, Gelände und Wetter.

Spähtrupps auf Fahrrädern sind die Ausnahme. Ihre Aufklärungstiefe liegt bei bis zu 15 km. Ihr Vorteil ist ihre Lautlosigkeit und Schnelligkeit – ihr Nachteil ist, dass sie vollkommen ungeschützt sind und das Mitführen von Fahrrädern auf Kfz, um mal schnell „abgesessen" aufzuklären, erscheint nicht unbedingt zweckmäßig. Dennoch sollten ZUG- und seine GRUPPENFÜHRER das Fahrrad nicht vollends in Vergessenheit geraten lassen. Je nach Intensität der Operation bzw. Lage und Auftrag kann ihre Verwendung eine interessante und überlegenswerte Einsatzoption sein, die Einsatzmittel an anderer Stelle frei macht. Dabei gelten für den Spähtrupp auf dem Fahrrad die Grundsätze des Spähtrupps zu Fuß sinngemäß – übrigens kann dies auch auf die Streife übertragen werden.

Spähtrupps auf ungepanzerten Kraftfahrzeugen nutzen ihre Schnelligkeit aus. Sie haben eine hohe Aufklärungstiefe (rd. 10 km), sind aber an Wege gebunden und selber auch leichter aufzuklären. Möglich sind auch Spähtrupps – dann eher als Patrouillen - auf Kfz, die sich über mehrere Tage über 100te km hinziehen – die Einsatzrealität zeigt, dass von Mensch und Material enormes abverlangt wird. Spähtrupps auf Kfz bestehen gewöhnlich aus zwei Fahrzeugen. Ein Spähtrupp soll viel sehen und hören, ohne dass ihn der Gegner erkennt. Spähtrupps sollen den Kampf vermeiden; manchmal kann die Lage es trotzdem erfordern, dass gekämpft wird. Wird ein Spähtrupp angegriffen oder auf nahe Entfernung durch Feuer überrascht, nimmt jeder der Männer unverzüglich den Kampf auf.

Spähtrupps bekommen in der Regel Namen. Für bestimmte Aufgaben kann der Spähtrupp zusätzliche Ausstattung erhalten (z. B. besondere Kfz,

GPS, Sonderkarten, Nachtsehgeräte, Digitalkamera, evtl. Waffen mit Schalldämpfer). Ebenso kann es zweckmäßig sein, bestimmte Ausrüstungsgegenstände zurücklassen. Die Führer von Spähtrupps tun gut daran, sich über beides Gedanken zu machen – auch, was an Zusatzausstattung „beantragt“ werden soll. Dazu sei gesagt, dass Helme auch in der Nacht vor Splittern schützen und Spähtrupps mit leichter Ausrüstung im „Anzug bequem“ eher ein Zeichen von Sorglosigkeit und Leichtsinn sind.

Meist bewegt sich der Spähtrupp entlang einer Bewegungslinie, die seinen Weg vom Ausgangspunkt über bestimmte Geländepunkte bis zum Ziel festlegt. Diese Bewegungslinie kann sich an Straßen und Wegen anlehnen.

Nachfolgend wird der Führer eines Spähtrupps, der Trupp-, aber auch Gruppenstärke haben kann, „Spähtruppführer“ genannt. Dem Spähtruppführer ist durch Vorbefehl Ort und Zeit der Befehlsausgabe, Antretezeit des Spähtrupps und zu empfangene Zusatzausstattung zu befehlen. Der Vorbefehl soll zeitliche Reserven schaffen, damit sich die Gruppe/ der Trupp vorbereiten kann.

Befehl für den Spähtrupp
1. Lage a) Feind b) Eigene Lage (Lage, Auftrag, Absicht der übergeordneten Führung) c) Unterstellung
2. Auftrag (des Spähtrupps)
3. Durchführung **eigene Absicht mit kurz gefasstem Operationsplan** • Aufklärungsziel • Gliederung des Spähtrupps

- Bewegungslinie/Weg
- Meldungen (wie, an wen)
- Meldelinien, Meldepunkte, Meldezeiten
- Zuleitung besonderer Ausstattung (z. B. Karten, Skizzen)
- Absprache eigener Sicherung
- Eigene vorn eingesetzte Teile
- Art des Vorgehens (zu Fuß / auf Kfz / Raupenförmig / Überschlagend)
- Überwachung durch eigene Kräfte
- Verhalten im Aufklärungsziel
- Sammelpunkte
- Verhalten bei Feindberührung (z.B. wenn Kfz getrennt)
- Feuerregelung
- Zeitpunkt des Antretens
- Rückkehrzeit
- Ablauf der Aufnahme
- Vereinbarte Zeichen (vor allem für die Nacht)

Maßnahmen zur Fliegerabwehr

- Luftraumspähdienst
- Feuerregelung
- Bereitschaftsgrad zur Fliegerabwehr

Maßnahmen zur ABC-Abwehr

- ABC-Alarmposten
- Meldedosis

4. Einsatzunterstützung

- Versorgung mit MVG
- Versorgung von Verwundeten

• Verhalten bei Kfz-Ausfall
5. Führungsunterstützung • Funkverbindung • Schutzmaßnahmen Fernmeldeverkehr • Verbindungen/Alarmierungszeichen • Parole • Platz des Führers • Uhrzeitvergleich

Tabelle 6-3: Befehl für den Spähtrupp in Anlehnung an BELLMANN & SCHRADER *[2001]*

Ein Spähtruppführer, der nach Erhalt des Befehls auf die Frage: „irgendwelche Fragen" zackig mit „KEINE!" reagiert, ist entweder ein Genie oder leichtsinnig. Kein Befehl ist so gut, dass am Ende nicht eine Frage bleibt. Derjenige, der den Befehl gibt und erwartet, dass keine Fragen gestellt werden, darf getrost zur selben Kategorie gezählt werden. Fragen sind also durchaus legitim – nicht verlangt werden kann, dass jeder auf alles eine erschöpfende Antwort hat; dann bräuchte es weder den Befehl noch den Spähtrupp!

Nach Erhalt des Befehls beurteilt der Spähtruppführer, wie er seinen Auftrag am besten ausführen kann. Dazu dient ihm der Einblick ins Gelände und das Studium von Karten, Skizzen, Luftbildern. Das Interview von Kameraden oder Dritten kann sinnvoll sein, wenn dies den Auftrag nicht verrät. Auf den Befehl „Fertigmachen zum Spähtrupp!" bereiten sich die Männer so vor, dass nach der Befehlsausgabe der Spähtrupp unverzüglich antreten kann.

In der Regel führt der Einzelne (wenn nicht anders befohlen) seine persönliche Ausstattung für 24 Std. am Mann mit. Ebenso hat er geprüft, ob die

Zusatzausstattung funktionsfähig ist. Alles wurde so verstaut, dass es nicht klappert, scheuert oder behindert – das gilt am Mann genauso wie auf dem Kfz. Bei diesen Vorbereitungen unterstützen sich die Männer gegenseitig.

Der Spähtruppführer lässt wichtige Punkte des Befehls von seinen Männern wiederholen und befiehlt „Klar zum Gefecht!“ Er informiert von jetzt an immer wieder die Gruppe über die aktuelle Position, damit der Spähtrupp unter Umständen schnell unterstützt werden kann. Der Spähtruppführer führt von vorne. Dies erfolgt durch Zeichen oder durch sein Beispiel. Die Verbindung zur eigenen Truppe hält der Spähtrupp meist über Funk. Dazu erhält er oft eine besondere Sprechtafel mit zusätzlichen Decknamen oder auch Deckwörtern für Begriffe, Maßnahmen sowie Geländepunkte, die sich von den übrigen Sprechtafeln der Einheit unterscheidet. Das letzte Mittel, Verbindung mit der übergeordneten Führung aufzunehmen, ist der Melder.

Der Spähtrupp setzt Meldungen ab, wenn er festgelegte Meldelinien und/oder Meldepunkte passiert hat. Ebenso meldet er zu festgesetzten Meldezeiten. Wichtige Beobachtungen gibt er sofort weiter (wo, wann, wer, wie, was). Er informiert darüber, was er weiß. Vermutungen bezeichnet er als solche! („Ich sehe drei Personen mit Taschenlampen“, ist etwas völlig anderes [Tatsache] als: „Ich sehe drei Soldaten, die etwas suchen“ [Vermutung]).

An günstigen Geländepunkten legt der Spähtrupp Beobachtungshalte ein. Der Spähtruppführer befiehlt Sammelpunkte für den Fall, dass Teile versprengt werden und legt fest, wie lange dort zu warten ist. Es ist zweckmäßig, Sammelpunkte in die Nähe früherer Beobachtungspunkte zu legen („Männer, wir verlassen Beobachtungspunkt BRAVO – hier ab jetzt Sammelpunkt!“).

Stößt der Spähtrupp auf überlegenen Gegner, lässt er ihn passieren oder umgeht ihn und versucht, das Aufklärungsziel aus einer anderen Richtung zu gewinnen. Greift ein überlegener Gegner an, weicht der Spähtrupp in Richtung auf die eigene Truppe aus. Ob der Spähtrupp am Spähtruppziel bleibt oder ob er zurückkehrt, richtet sich nach seinem Auftrag. Wenn nichts anderes befohlen ist, benutzt der Spähtrupp für den Rückweg einen anderen Weg, um nicht in einen Hinterhalt zu geraten. Die Aufnahmekräfte erreicht und passiert er an der vereinbarten Stelle, um Feuer durch eigene Kräfte möglichst zu vermeiden. Unmittelbar nach seiner Rückkehr meldet der Spähtruppführer das Aufklärungsergebnis dem Vorgesetzten, der den Auftrag erteilt hat. Nicht selten wird ein schriftlicher Bericht verlangt.

6.6.2 Spähtrupp auf Kfz

Werden Spähtrupps auf Kfz durchgeführt, sind neben obigen Hinweisen einige Besonderheiten zu beachten. Gepanzerte Spähtrupps sind dabei nicht Gegenstand der Betrachtung. In der Regel führt der Spähtruppführer den Trupp vom vorderen Fahrzeug aus, der Stellvertreter führt das zweite. Das Verhalten des zweiten Fahrzeuges ist im Spähtruppbefehl festzulegen – also wie es sich verhalten soll, wenn beispielsweise die Kfz getrennt werden. Dem aufmerksamen Leser ist nicht entgangen, dass damit der Spähtrupp (in Gruppenstärke) auf zwei Fahrzeuge verteilt wurde. Einweisung und Absprache zwischen Führer und Stellvertreter – auch während der Ausführung des Auftrags – sind unerlässlich. Geführt werden kann mit Zeichen oder durch Beispiel. Über Funk wird gewöhnlich erst ab Feindberührung geführt. Beide Kraftfahrzeuge fahren immer so, dass die Besatzung des zweiten Kraftfahrzeugs die Bewegungen des ersten überwachen kann (versetzt, dabei raupenartig oder überschlagend). Die UXO/Minen/IED-Lage kann es erforderlich machen, hiervon abzuweichen. Der Abstand hängt vom Gelände, von der Sicht und von der Reichweite der eigenen Waffen ab. Vor dem ersten Fahrzeug auftauchender Feind muss durch das überwachende Feuer des zweiten Fahrzeuges zu erfassen sein. In einem Gelände, das wahrscheinlich feindfrei ist, bewegen sich beide Fahrzeuge gleichzeitig und, möglichst versetzt, in Reihe. Die Besatzung des hinteren Fahrzeugs beobachtet am vorderen vorbei und überwacht dessen Vorgehen. Auch von dieser Handlungsweise kann bzw. muss abgewichen werden, wenn eine hohe IED-Gefahr besteht. Die Fahrzeuge bewegen sich dann wahrscheinlich hintereinander in einer Spur, in der Mitte der Fahrbahn, um möglichst hohen Abstand zu den Weg- oder Straßenrändern zu haben. Zwar können sich die Kfz dann nicht mehr mit ihren Waffen schützen, haben aber bedeutend größeren IED-Schutz. Beim Spähtrupp auf Kfz ist stets zu berücksichtigen, dass das Gruppenfahrzeug in der Regel ein mehr oder weniger ungeschütztes Transportfahrzeug und kein Kampffahrzeug ist!

Je unübersichtlicher das Gelände und je ungeklärter die Gegnerlage ist, desto häufiger muss abgesessen und zu Fuß aufgeklärt werden – das muss nicht immer die gesamte Gruppe sein. Die Fahrzeuge folgen den abgesessenen Männern in Sichtabstand oder in kurzen Sprüngen auf Zeichen des Spähtruppführers. Dies gilt auch bei eingeschränkter Sicht. Das erste Kfz überwacht die abgesessenen Kräfte (wenn möglich). Das 2. Kfz überwacht möglichst das erste.

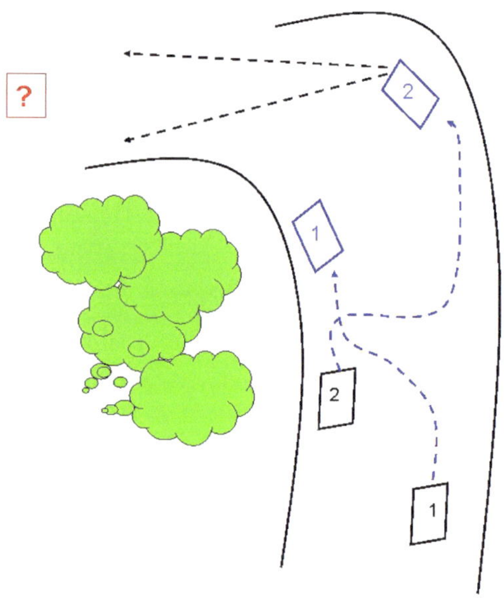

Abbildung 6-16: Spähtrupp auf Kfz – Verhalten an einer Kurve

Abbildung 6 – 16 zeigt das Prinzip des Verhaltens an einer Kurve. Gewöhnlich fährt das vordere Kfz eine Kurve außen an. Hierdurch exponiert es sich später und hat seinerseits einen größeren Blickwinkel. Wechselt das vordere Kraftfahrzeug die Straßenseite, fährt das nachfolgende selbstständig auf die andere Seite. Bei Minengefahr fährt das zweite Fahrzeug in der Spur des Vorderfahrzeugs. Beim Heranfahren an eine Kurve verringert das zweite Kraftfahrzeug den Abstand. Das vordere Kfz bewegt sich in der Außenkurve so weit vor, dass der Führer vom Fahrzeug aus die Straße hinter der Kurve einsehen kann. Während eines solchen kurzen Beobachtungshaltes bleibt der Motor an, Rückwärtsgang bleibt eingelegt. Hierdurch kann der Kraftfahrer, wenn nötig, schnell zurücksetzen.

Der Spähtrupp verlässt Straßen und Wege, wenn der Auftrag dies erlaubt. Er verlässt sie, wenn diese tatsächlich befahrbar sind und er einen günstigen Beobachtungspunkt erreichen will. Er verlässt Straßen und Wege ebenfalls, wenn er einen Weg abkürzen kann oder dadurch Geländeformen und Geländebedeckungen besser ausgenutzt werden können. Dies gilt auch, wenn er ein Hindernis erkennt oder einen Hinterhalt vermutet. Dabei berücksichtigt der Spähtrupp stets die Minen- bzw. IED-Lage. Um die Befahrbarkeit eines Weges oder die Durchfahrbarkeit einer Furt beurteilen zu können, ist das Absitzen und Erkunden zu Fuß sinnvoll – es kostet meist weniger Zeit als das Ausgraben/Bergen des Kfz.

Liegt ein Beobachtungspunkt nahe einer Höhe, fährt der Spähtruppführer mit seinem Fahrzeug im Schutz der Höhe so weit vor, dass er das Gelände jenseits der Höhe einsehen kann. Der höchste Punkt wird nicht über-, sondern umfahren, da das Kfz sonst schnell und leicht aufgeklärt wird, weil es sich bei Tag und Nacht deutlich vom Horizont abzeichnet. Vielmehr setzt der Kraftfahrer nach dem Beobachtungshalt zurück und fährt in Deckung weiter. Ist das alles nicht möglich, sitzt der Spähtruppführer mit Teilen in der letzten Deckung ab und geht zu Fuß weiter vor.

Bei eingeschränkter Sicht lässt der Spähtruppführer mit möglichst niedriger Motordrehzahl fahren (Vorsicht – es besteht die Gefahr, das Kfz – mit Schaltgetriebe - abzuwürgen; bei Kfz mit Automatikgetriebe hat der Kraftfahrer auf die Drehzahl nicht viel Einfluss). Zudem lässt er zum Zwecke des Horchens häufig halten – dann sind die Motoren abzustellen. Oft sitzen einzelne

Männer oder der Spähtruppführer selbst zur Beobachtung und zum Horchen ab. Muss im vermutlich gegnerbesetzten Gelände entgegen der üblichen Praxis aufgesessen aufgeklärt werden, befiehlt der Spähtruppführer vor dem Durchfahren von Kurven dem zweiten Kraftfahrzeug aufzuschließen (Handzeichen). Das zweite Kfz fährt dann in der Innenkurve so weit vor, dass es gerade noch Deckung findet. Beide Fahrzeuge fahren anschließend gleichzeitig an. Nach dem Passieren der Kurve hält das zweite Kfz, sobald es das Vorfahren des ersten überwachen kann.

Ist in Waldstücken und Ortschaften mit dem Auftreten des Gegners zu rechnen, umfährt der Spähtrupp diese, wenn es der Auftrag oder das Gelände zulassen. Verlangt der Auftrag, in solchen Geländeteilen aufzuklären, ist zunächst von verschiedenen Seiten zu beobachten. Bringt dies kein Ergebnis, ist abseits von Schneisen, Wegen oder Straßen zu Fuß weiter aufzuklären. Die aufgesessenen Teile überwachen ihre abgesessenen Kameraden. Kann der Spähtrupp nach sorgfältiger Beobachtung keinen Gegner feststellen und Feindfeuer auch nicht provozieren, durchfährt er dicht aufgeschlossen mit hoher Geschwindigkeit das Waldstück oder die Ortschaft. Die Waffen sind dabei feuerbereit. Die Besatzung des zweiten Fahrzeugs sichert mit Teilen auch nach hinten [siehe hierzu auch von DACH 1984].

Wird der Spähtrupp in einem Waldstück oder in einer Ortschaft überraschend mit Feuerwaffen angegriffen, durchfährt er diese Zone mit höchster Geschwindigkeit und feuert aus allen Waffen auf erkannte Ziele. Es kann dabei zweckmäßig sein, Nebelmittel einzusetzen.

Zusammenhängende Waldgebiete sind Risikozonen. Der Spähtrupp durchfährt sie möglichst auf Nebenwegen, wenn diese befahrbar sind. Gerade im Wald können vermeintlich gute Wege durch Holzerntearbeiten zu tückischen Fallen werden, weil Forstmaschinen sie extrem zerfahren. Zurücksetzen kostet Zeit und Nerven. Durch Behelfswege und Rückegassen sind die Wegenetze in Wäldern zudem unübersichtlich und die Orientierung ist daher schwierig. Die Gefahr, sich zu verfahren, besteht auch in Ortschaften, insbesondere, wenn sie zerstört sind und die Beschilderung fehlt. Werden Wege und

Schneisen gequert, wird zunächst in diese hinein beobachtet und sie ggf. geschlossen überwunden. Notfalls sitzen Teile des Spähtrupps ab und sichern den Sprung. Vor dem Verlassen des Waldes legt er einen Beobachtungshalt ein.

Brücken, befahrbare Wehre und in Karten eingezeichnete Furten liegen meist unter Beobachtung. Nachfolgend wird das Prinzip gezeigt, wie sich der Spähtrupp verhalten kann.

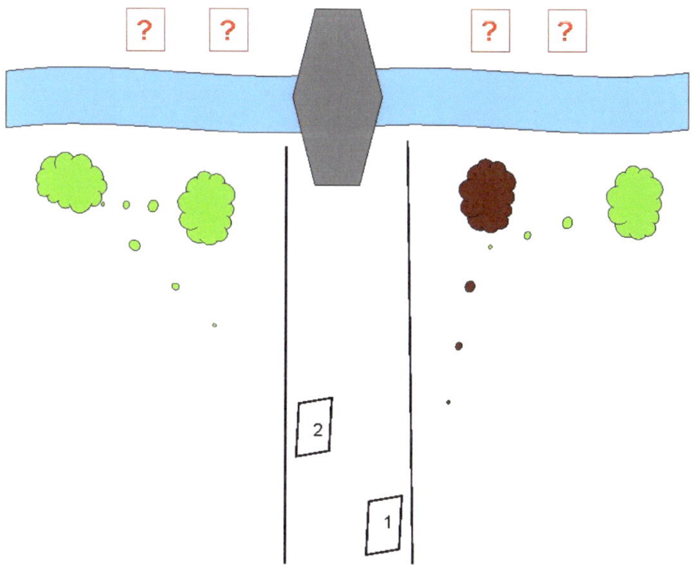

Abbildung 6-17: Phase 1 - Spähtrupp mit zwei Kfz nähert sich einer Furt bzw. Brücke

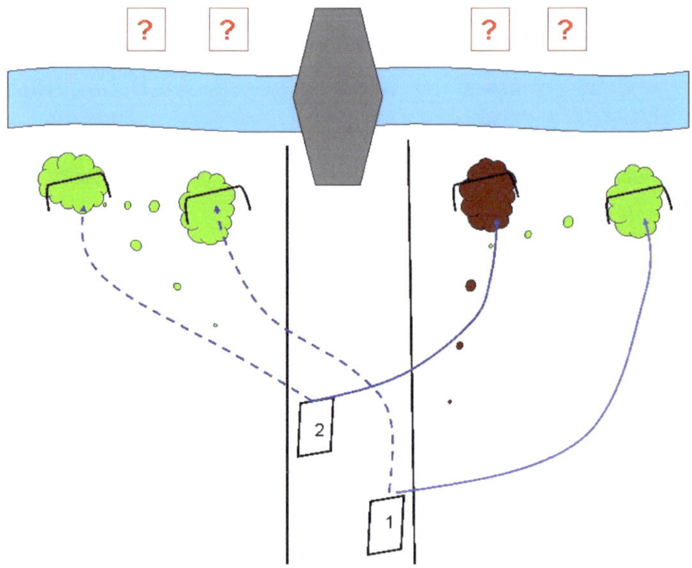

Abbildung 6-18: Phase 2 – die Kfz beziehen eine (teilgedeckte) Stellung und beobachten

Abbildung 6 – 18 zeigt im Prinzip eine Entschlussphase: Nach Erkennen eines „Hindernisses“ gehen beide Kfz unverzüglich in Stellung (Phase 1, Abbildung 6 - 17); man könnte auch getrost von einer „Schrecksekunde“ oder „Schreckphase“ sprechen. In der Abbildung 6 – 18 hat der Spähtruppführer durch das Beziehen der Stellung Zeit zum Überlegen gewonnen und jetzt mehrere grundsätzliche Handlungsoptionen:

- Umgehen/Ausweichen
- Überqueren auf Kfz im „geschlossenen Sprung“
- Überqueren unter Sicherung – aufgesessen
- Überqueren unter Sicherung - abgesessen.

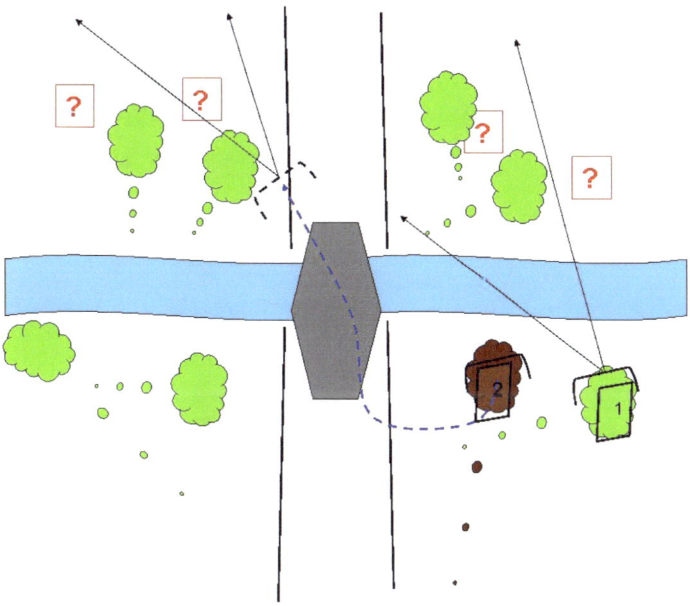

Abbildung 6-19: Phase 3 – Überqueren aufgesessen, Nr. 1 überwacht!

In der Abbildung 6-19 hat der GRUPPENFÜHRER, sich an die „wesentliche Leistung“ erinnernd, sich zum aufgesessenen Überqueren unter Sicherung entschlossen:

„Spähtruppführer an alle:

- *Wir überqueren Fluß aufgesessen unter gegenseitiger Sicherung*
- *ZWO gewinnt auf mein Kommando jenseitiges Ufer von eigener Stellung über Brücke auf Buschgruppe (im Gelände gezeigt), dort Stellung und Statusmeldung!*
- *EINS überwacht – ich bin bei EINS*
- *Fertig? (Nach Fertigmeldung durch Besatzung EINS und ZWO)*
- *Marsch!“*

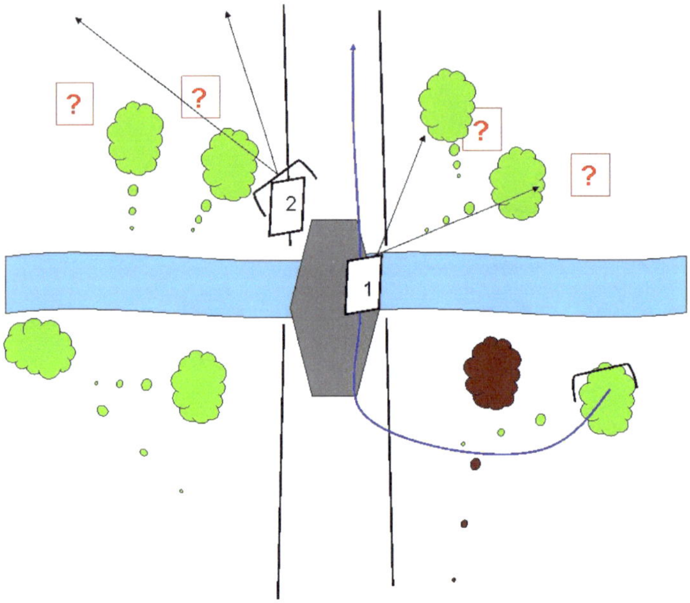

Abbildung 6-20: Phase 4 – das zweite Kfz zieht nach

Das jenseitige Fahrzeug hat die Sicherung aufgebaut – nach dem befohlenen bzw. ausgemachten Erkennungszeichen zieht das am diesseitigen Ufer verbliebene Kfz nach (Phase 4).

Ebenso wäre denkbar gewesen, dass zunächst ein Trupp abgesessen aufklärt. Wichtig ist jeweils, dass Feuerschutz stets zunächst aufgebaut wird (Feuer) um die Überwachung durchführen zu können (Bewegung). Das hier beschriebene Prinzip lässt sich im Grunde auf sämtliche andere Hindernisse und Situationen unabhängig von der Fortbewegungsart übertragen.

Trifft das vordere Fahrzeug im weiteren Verlauf auf eine Sperre oder gerät es in einen Hinterhalt, fährt das zweite Fahrzeug sofort in eine Stellung. Von hier unterstützt es das vordere Kfz, indem es den Gegner mit dem Feuer aller Waffen nieder hält (siehe hierzu auch Abbildung 6 – 12 bzw. die dort genannten Phasen, die auch auf den Spähtrupp angewendet werden können). Ob die Männer des ersten Fahrzeugs unter Feuerschutz rückwärts ausweichen oder vorwärts ausbrechen und/oder ob die Männer des zweiten Fahrzeugs den Gegner im Hinterhalt eventuell selber angreifen, hängt von der Lageentwicklung und dem Gelände ab. Hat der Gegner die Fahrzeuge oder abgesessene Teile des Spähtrupps voneinander getrennt, gewinnen sie den befohlenen Sammelpunkt. Gelingt dies nicht, entscheidet der Spähtruppführer, ob er den Auftrag allein ausführen kann.

6.6.3 Einsatz als Patrouille

Patrouillen dienen der Lagefeststellung, der Überwachung von Abkommen und der Demonstration der Präsenz. Demnach bewegen sich Patrouillen offen und für jedermann erkennbar. Dies unterscheidet sie vom „Spähtrupp", der sich möglichst unerkannt bewegt. Gleichwohl nutzt die Patrouille Deckungen, überwacht sich gegenseitig und legt Beobachtungshalte in günstigen Stellungen ein. Hier besteht wieder die Schnittmenge zum Verhalten als Spähtrupp [siehe v. DACH 1984]. Insofern gelten, mit lagebezogenen Modifikationen, oben genannte Spähtrupp-Grundsätze sehr wohl auch für die Patrouille. Diese ist meist personell stärker als der Spähtrupp. Wenn die Lage es erfordert (z.B. IED-Gefährdung), fährt sie nicht nach den Grundsätzen des Spähtrupps versetzt, sondern versucht, sich stets in der Mitte der Fahrbahn zu bewegen, um möglichst großen Abstand vor potenziellen IED zu halten (parkende oder langsam fahrende Autos).

Auftrag von Patrouillen kann es sein, das Einhalten von Abkommen zu überprüfen, Verbindung zur Bevölkerung und deren Repräsentanten herzustellen und Informationen über die örtliche Lage (Stimmungen, Bevölkerungsanteile, Konflikthintergründe, Strukturen) zu gewinnen. Zudem nehmen sie Verbindung zu anderen Truppenteilen auf, richten bewegliche Beobachtungspunkte oder zeitlich begrenzte Kontrollpunkte ein, erkunden Straßen- und Geländeabschnitte und überwachen Objekte, Trennlinien bzw. Grenzen.

Die Stärke und Zusammensetzung der Patrouille richtet sich nach dem Auftrag, der Lage in dem betreffenden Gebiet und der Dauer der Patrouille. Meist besteht die Patrouille aus einem Infanteriezug (!). Dieser kann verstärkt werden durch schwere Waffen oder Vertreter anderer Fachdienste (z.B. Pioniere). Ist die Bedrohung gering, kann die Patrouille aus einer Infanteriegruppe bestehen, die dann aber über zwei Fahrzeuge verfügen muss; womit wir im Grunde wieder beim „Spähtrupp" wären.

Die Patrouille soll geschützt sein und, wenn die Lage dies erfordert, über die notwendige Durchsetzungsfähigkeit verfügen. Zwar sind geschützte Fahrzeuge zweckmäßig. Je nach Gelände, Auftrag und Fahrzeuglage ist die Patrouille jedoch oft nur mit Kleinfahrzeugen oder zu Fuß möglich. Kleinfahrzeuge haben häufig den Nachteil, ungeschützt zu sein. Sie können den Nachteil durch ihre Beweglichkeit und niedrige Silhouette zum Teil auszugleichen. Der Patrouillenauftrag ist sorgfältig vorzubereiten. Die Vorbereitung umfasst insbesondere folgende Informationen über das Einsatzgebiet der Patrouille: Konfliktparteien und aktuelle Besonderheiten. Hierzu zählen örtliche Auflagen, Feierlichkeiten, eingesetzte Kräfte der Friedenstruppe, Lage und Verhalten der Bevölkerung. Hinzu kommen Informationen über Gefahrenpunkte im Verlauf des Patrouillenweges, z.B. Lager, Enklaven, aktuelle Minenlage im Zuge des Patrouillenweges, jüngste Ereignisse gegen eigene Kräfte, Besonderheiten der Infrastruktur. Wichtig sind Informationen über Versorgungsmöglichkeiten, Fernmeldeverbindungen, Eingliederung von Unterstützungskräften und Dolmetschern sowie über die bereitgestellte oder anzufordernde Ergänzungsausstattung (Nachtsichtgeräte, Fernmeldemittel).

Der Befehl für die Patrouille orientiert sich grundsätzlich am Befehl für den Spähtrupp. Er wird aber in der Regel um folgende Punkte ergänzt:

- Verhalten beim Auftreffen auf Konfliktparteien,
- Verhalten bei Bedrohung oder Angriff,
- Verhalten gegenüber der Zivilbevölkerung,
- besondere Gefährdungen.

Es erscheint zweckmäßig, dass der Patrouillenführer bei der Befehlsausgabe jeweils die geltenden ROE (Rechtslage der Einsatzkräfte im Einsatzgebiet) anspricht und wiederholt, um diese in Erinnerung zu rufen und hierdurch Rechts- und damit Handlungssicherheit herzustellen. Die Patrouille kann wenige Stunden oder bis zu mehrere Tagen dauern. Der Patrouillenweg ist strikt einzuhalten. Vom vorgegebenen Patrouillenweg wird nur nach Meldung und auf Befehl abgewichen. Wie auch beim Spähtrupp sind Meldezeiten, das Erreichen von Meldepunkten oder Überschreiten von Meldelinien zur eigenen Sicherheit streng zu beachten, damit Verstärkungskräfte nicht unnötig losgeschickt werden, die dann an anderer Stelle evtl. dringender benötigt werden.

Erkennt die Patrouille beispielsweise Vertragsverletzungen durch die Konfliktparteien, meldet sie diese unverzüglich und mit genauer Orts- und Zeitangabe und fixiert diese schriftlich (die Dokumentation mit Kameras/Video kann zweckmäßig sein). Während der Durchführung notiert der Patrouillenführer auch die Beschaffenheit von Straßen und Wegen sowie Besonderheiten des Geländes. Gleiches gilt für Stellungen sowie Art, Stärke und Verhalten der Konfliktparteien, besonderes oder verändertes Verhalten der Zivilbevölkerung. Damit hat die Patrouille auch Elemente des Erkundens in sich.

Ob eine Patrouille abgebrochen werden muss, entscheidet grundsätzlich die Führungsebene, welche die Patrouille einsetzt. Besteht keine Verbindung zu dieser Führungsebene, entscheidet der Führer vor Ort unter Berücksichtigung von Lage und Auftrag. Nach der Rückkehr meldet der Patrouillenführer die Patrouille zurück und fertigt einen Bericht über Verlauf und Aufklärungsergebnisse. Hierzu führt er mit allen Teilnehmern eine Einsatznachbesprechung durch. Hierdurch gewinnt er weitere Ergebnisse aus der Patrouille. Zudem dient dies, Lehren aus dem Einsatz zu ziehen. Hinzu kommt auch, dass hierdurch persönliche Erlebnisse des Einzelnen verarbeitet werden sollen (siehe hierzu auch das Kapitel „Einsatznachbereitung“).

6.7 Gegenstoß

Im Folgenden wird der Gegenstoß betrachtet und zwar wieder aus der Perspektive der Einheit, also beispielsweise des (Spitzen-)Zuges, der sich auf dem Marsch befindet. Der Gegenstoß beinhaltet insbesondere Elemente des Angriffes [siehe hierzu BELLMANN, SCHRADER 2001] und wird demnach nach seinen Grundsätzen geführt. Er ist jedoch eine Spontanhandlung aus der Lage heraus und verfolgt lediglich ein nahe gestecktes Ziel. Sofern sich der Zug auf dem Marsch befindet und überraschend in einen Hinterhalt gerät, ist der Gegenstoß sicherlich eine Maßnahme ohne Vorbereitung. Es sei aber erwähnt, dass Gegenstöße im Rahmen der Verteidigung (z.B. eines Objektes) sehr wohl vorbereitet und geübt werden. Für Marschgruppen gilt, dass das Verhalten im Hinterhalt und das Führen von Gegenstößen in den verschiedensten Varianten unter unterschiedlichen Bedingungen vorgeübt werden muss.

Das Prinzip des Gegenstoßes beruht wiederum auf Feuer und Bewegung und der Koordination derselben.

Der Gegenstoß kann von Teilen des Zuges bzw. der Gruppe geführt werden, wenn dieser angegriffen wird. So kann der SCHRIFTENREIHE SUOV [1992] entnommen werden, dass Grundsätze des Gegenstoßes auf der Gruppenebene Bestandteil der Grund- und Schießausbildung sind. Der Gegenstoß kann aber auch vom gesamten Spitzenzug geführt werden, wenn dieser antritt, um einen Gegner zu zerschlagen, der die nachfolgenden Kräfte (beispielsweise einen Konvoi) angreift bzw. zum Halten gezwungen hat.

Gegenstöße werden demnach auf jeder Ebene geführt. Es ist daher korrekt und realistisch, dass, wenn der Zug abgesessen ist und angegriffen wird, mehrere Männer einen entschlossenen Gegenstoß unter Nutzung von Handwaffen und Handgranaten führen und hierdurch die Lage bereinigen, ohne dass dies im Zug zunächst bemerkt wird.

In schwierigen Lagen, z. B. wenn der GRUPPENFÜHRER ausfällt, müssen einzelne Männer ihre Nachbarn zum Gegenstoß mitreißen.

Die geöffnete Ordnung

An dieser Stelle sei auf das so genannte „Buddy-Prinzip" eingegangen. Derzeit kann man bei Soldaten die Aussage hören, dass vermehrt das englische „Buddy-Prinzip" gelehrt werden solle, da das deutsche Prinzip der geöffneten Ordnung [siehe hierzu DER REIBERT 2009] nicht mehr zeitgemäß sei.

Dieses „Buddy-Prinzip" ist aber bei den deutschen Einsatzkräften nicht neu – Kriegsveteranen berichten von dem eng vertrauten Kameraden, mit dem sie alle Entbehrungen teilten, gemeinsam im Kampfstand fochten, ja sich die Magazine oder Gurte oder die bereits abgezogenen Handgranaten zureichten. An anderer Stelle wird herausgearbeitet [ARBEITSGEMIENSCHAFT TRUPPENDIENST 2001], dass das britische „Buddy-Prinzip" vor allem auf jahrelangem gemeinsamen Üben und Kämpfen und der Idee der kleinen Kampfgemeinschaft basiert, nicht auf einer Art Gefechtsformation/Ordnung. Als kleine Kampfgemeinschaft präferieren die Briten den 4-Mann-Trupp, der diesem Prinzip entgegen kommt. Das Buddy-Prinzip ist also weniger eine Bewegungsform, mehr also eine Philosophie des miteinander Lebens und aufeinander Achtgebens im Gefecht. Dazu kann selbstverständlich auch gehören, um bei der Bewegungsform zu bleiben, dass Kameraden in bestimmten Situationen „näher aufrücken", womit aber nicht die „Haufenbildung" gemeint ist. Dieses Aufrücken ist jedoch auch nicht neu, denken wir an die Art, wie sich eine Streife in einem Objekt je nach Lage bewegt. Die Abstände zwischen den Männern variieren je nach Lage und Gelände. GRUPPENFÜHRER nehmen stets einen Nahsicherer mit, wenn sie Gesprächsaufklärung betreiben usw.

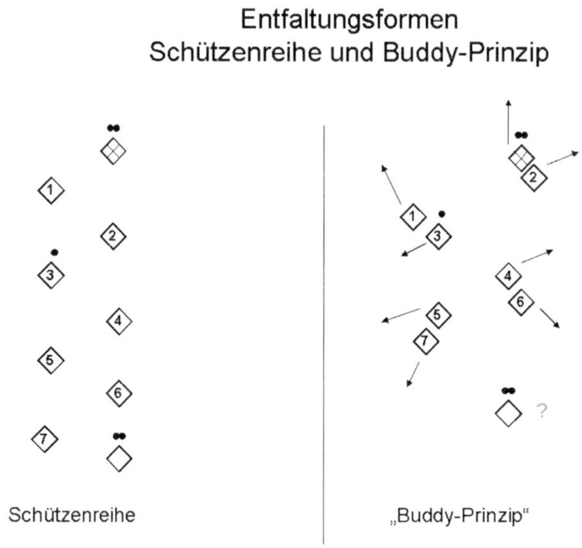

Abbildung 6-21: Darstellung der Schützenreihe und des „Buddy-Prinzips“

In der Abbildung 6 – 21 wird dargestellt, worin sich die Schützenreihe und das Buddy-Prinzip „unterscheiden“. Zunächst sei vorangestellt, dass die Schützenreihe die „Grundformation“ ist, die stets angewandt wird, wenn sich die Gruppe auf dem (Fuß-) Marsch, bei der Patrouille oder im Angriff (aber nicht ganz vorne) befindet. Die Väter dieser Formation hatten im Sinn, dass sich einerseits die Gruppe zügig bewegen und rundum beobachten kann. Andererseits soll diese Formation im Falle eines Angriffes die eigenen Verluste möglichst gering halten. Die Abstände betragen ca. 8 Schritt (beispielsweise zwischen der Person mit der Nr. 6 und der Person mit der Nr. 7). Eine Schützenreihe ist damit ca. 70m bis 80m lang. Im offenen Gelände können die Abstände größer, im unübersichtlichen Gelände oder bei Dunkelheit deutlich kleiner werden. Das rechts daneben stehende „Buddy-Prinzip“, reduziert auf eine Bewegungsformation, bedeutet nur, dass sich der Partner relativ nahe aufgerückt mitbewegt und damit stets den Rücken des Kameraden deckt. Diese Formation hat sicherlich Vorteile, wenn sich der Trupp oder die Gruppe abgesessen durch eine Ortschaft bewegt oder an einzelnen Punkten verharrt, insbesondere, wenn sich dabei Einwohner auf der Straße befinden (insgesamt bleibt es aber zunächst bei der Gesamtlänge von rund 80 m, die dann lagebezogen „schrumpfen" kann). Bei der abgesessenen Gruppe funktioniert das Prinzip jedoch nur, wenn diese aus einer geraden Personenzahl besteht – also beispielsweise den Gruppen, die aus zwei „Vier-Mann-Trupps" bestehen. Sonst bleibt nämlich einer zurück – das ist unlogisch. Das Buddyprinzip kann auch im Sinne des Schützenrudels angewendet werden, ja ist eigentlich Bestandteil dieser geöffneten Ordnung. Tatsächlich sagt genau der REIBERT [2009], dass in der geöffneten Ordnung (Schützenrudel) die Soldaten, die gemeinsam eine Waffe bedienen, sich nebeneinander bewegen – also ihren „Buddy" bei sich haben sollen.

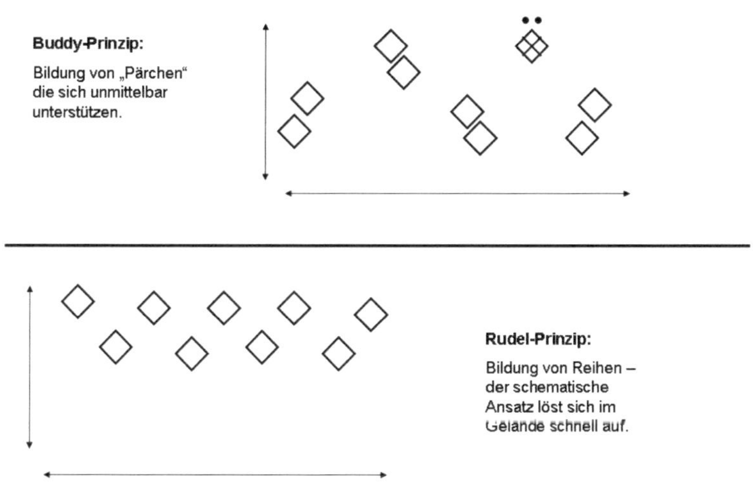

Abbildung 6-22: Schützenrudelprinzip unten; Modifikation zum Buddy-Prinzip oben

Abbildung 6-22 zeigt das Prinzip des Schützenrudels (unten). Im Schützenrudel bewegen sich die Männer nebeneinander und bringen daher die gesamte Feuerkraft nach vorne. Diese Formation wird eingenommen, wenn unübersichtliches Gelände durchkämmt werden muss. Die Breite beträgt ca. 60 - 80 m (am leichtesten vorstellbar ist dies, wenn man eine Schützenreihe „rechts um" machen lässt). Die maximale Tiefe ergibt sich aus dem 30°-Gefahrenbereich. Auch beim Buddy-Prinzip (oben) bleibt die Breite von 60 - 80 m bestehen. Es bleibt also die Erkenntnis, dass die Schützenreihe und das Schützenrudel zunächst Gegenstand der Betrachtung beim Durchführen von Bewegungen sein sollte; beim Gegenstoß im Detail wird darüber noch zu sprechen sein. Das Buddy-Prinzip ist also nicht neu und schon mal gar nicht was anderes – es anzuwenden setzt jedoch voraus, zunächst einmal die Schützenreihe und das Schützenrudel geübt und verinnerlicht zu haben.

Gegenstöße führt der jeweilige Führer aus eigenem Entschluss mit den nächstgelegenen, verfügbaren Teilen. Entscheidend für den Erfolg eines Gegenstoßes sind der Zeitpunkt des Ansatzes der Kräfte und die Entschlossenheit bei der Durchführung. Sie sollten dann geführt werden, wenn der Gegner seine Position noch nicht gefestigt hat.

Während eines Gegenstoßes, möglichst schon vorher, sind die feindlichen Flachfeuerwaffen auszuschalten oder niederzuhalten (Einsatz der Deckungsgruppe), welche auf die Gegenstoßkräfte wirken können. Das Führen von Gegenstößen ist dem nächst höheren Vorgesetzten zu melden, damit dieser ein Lagebild bekommt und evtl. seinerseits Maßnahmen vorsorglich einleitet. Das Alarmieren von Reservekräften gehört dazu.

Es sind mehrere Szenarien denkbar:

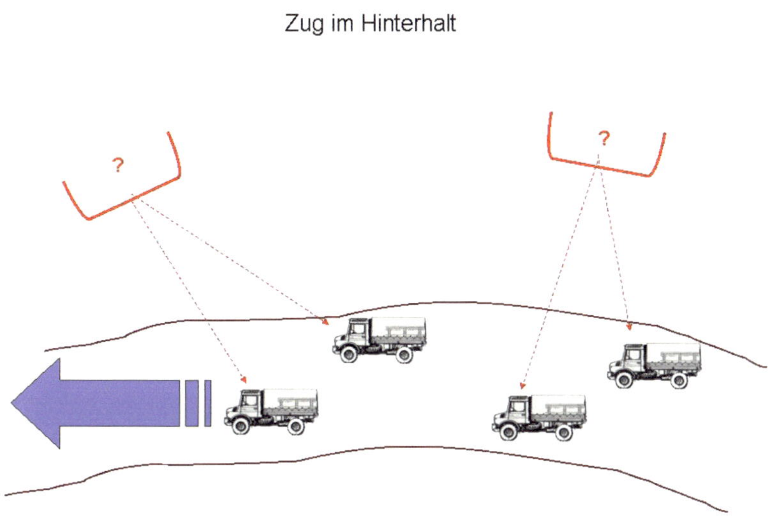

Abbildung 6-23: Zug wird beschossen und bricht durch

In Abbildung 6 – 23 wird der Zug aus dem Hinterhalt beschossen. Der ZUGFÜHRER entschließt sich zum Durchbrechen. Der Feuerkampf wird vom Kfz aufgenommen, wenn möglich, wird der Gefahrenbereich mit hoher Geschwindigkeit durchfahren; nachfolgende und vorausfahrende Fahrzeuge werden gewarnt (hupen, aufblenden, funken…). Nach erfolgreichem Durchbruch erfolgt eine Statusabfrage durch den ZUGFÜHRER an alle Kfz, um sich einen Überblick zu verschaffen, ob alle den Hinterhalt erfolgreich passiert haben.

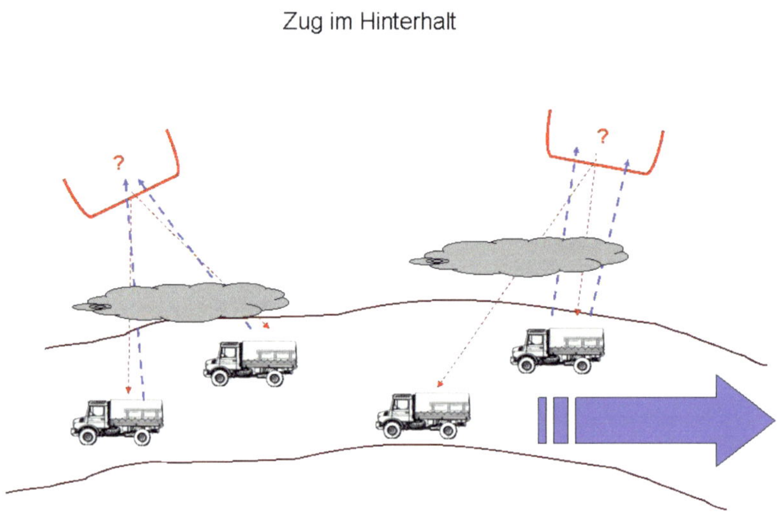

Abbildung 6-24: Zug wird beschossen und weicht feuernd unter Nebelschutz rückwärts aus

In Abbildung 6 – 24 gerät der Zug in einen Hinterhalt. Zunächst entspricht dieser Hinterhalt (genau wie in Abbildung 6-23) nicht der L-Form, ist also „günstig“ für die Aufklärungskräfte. Zudem wird auch noch unterstellt, dass der Hinterhalt erkannt wird, bevor der eigene Zug mitten darin ist, sodass ein rückwärts Ausweichen möglich ist, was vom ZUGFÜHRER unverzüglich befohlen wird. Der Zug eröffnet sofort das Feuer und setzt unter Nebel zurück. Diese Variante ist sehr schwierig, da sie abhängig ist von der guten Reaktion und vom Können der Fahrer, vom blinden Verstehen der einzelnen GRUPPENFÜHRER untereinander, vom Ausbildungsstand aller Männer und natürlich auch vom Kfz-Typ und von ihrer Anzahl. Derjenige, der einmal ohne Zeitdruck versucht hat, mit drei bis vier Geländewagen rückwärts in einem Waldweg zu fahren, wird festgestellt haben, dass diese Vorgehensweise sehr viel Übung von eingespielten Kräften voraussetzt.

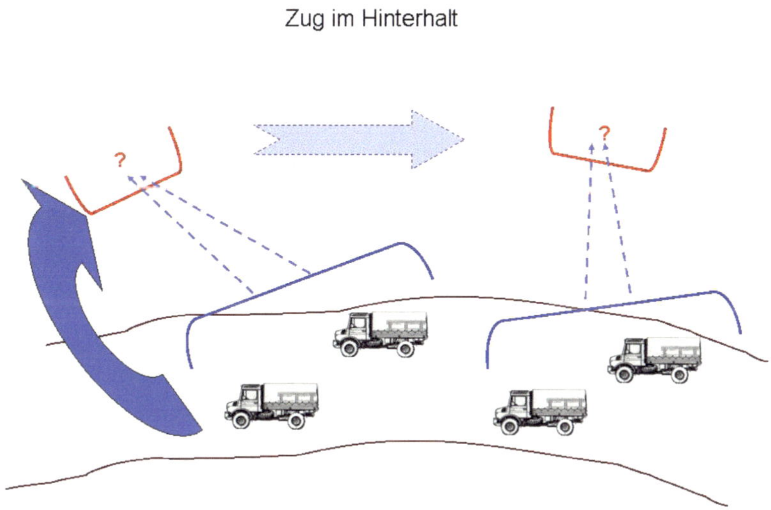

Abbildung 6-25: Der Zug stoppt im Hinterhalt und tritt mit Teilen zum Gegenstoß an

Geraten die Hauptkräfte des Zuges in den Hinterhalt und ist ein Durchbrechen oder rückwärts Ausweichen nicht möglich, ist grundsätzlich ein Gegenstoß (Abb. 6 – 25) zu führen, um das Aufreiben der eigenen Kräfte zu vermeiden. Hierzu bedarf es der schnellen, eingeübten Reaktion aller Kräfte. Diese Reaktion besteht aus:

- Meldung an die übergeordnete Führung (möglichst unter Nennung der eigenen Position – wo, wann, wer, wie, was)
- Feuerkampf mit den Bordwaffen
- Feuerkampf mit Handwaffen von den geschützten Kfz
- Absitzen von und in Stellung gehen an den ungeschützten Kfz, dort ebenfalls Aufnahme des Feuerkampfes

- Einsatz von Nebelkörpern, um das Sammeln der eingeteilten Gegenstoßkräfte zu erleichtern (Gegenstöße sind zuvor geübt worden – jeder Mann sollte seine Aufgabe kennen)
- Entschlossener Stoß, möglichst von der Spitze oder vom Ende aus, in die Flanke des Gegners, da das Liegenbleiben im feindlichen Feuer unausweichlich die Vernichtung des Zuges bedeuten würde. Nach dem Werfen des Gegners ist dieser nur so weit zu verfolgen, dass ein erneuter Angriff verhindert, die Richtung des Ausweichens aufgeklärt und ein Aufsplittern der eigenen Kräfte vermieden wird. Absicht des Gegenstoßes ist das Abwenden der unmittelbaren Gefahr. Evtl. muss der ZUGFÜHRER noch während des Gefechts Verstärkungskräfte an den Ort des Geschehens heranführen oder sie zumindest mit ihnen Verbindung halten. Über den Sammelpunkt, die Zeit und die vereinbarten Erkennungszeichen informiert der ZUGFÜHRER seine Männer, damit sich Helfer und in Not Geratene nicht gegenseitig gefährden.

Um einen Gegenstoß, wie oben zu führen, bedarf es der Betrachtung der agierenden Elemente.

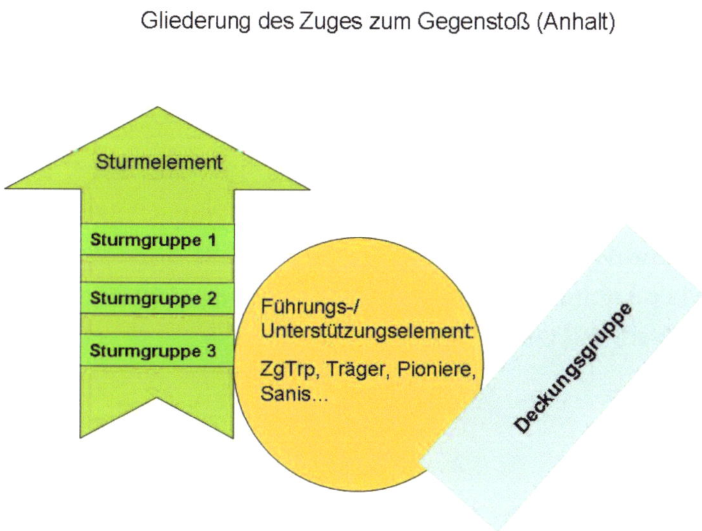

Abbildung 6-26: Die Elemente des Gegenstoßes auf Zugebene

Die Abbildung 6 – 26 zeigt die grundsätzlichen Elemente des Gegenstoßes – hier anhand der Stoßtruppgliederung des Zuges [siehe hierzu auch von DACH 1984, TASCHENBUCH FÜR WEHRAUSBILDUNG 1967, 2008]. Um dem gleich vorzubeugen – die Abbildung ist ein Anhalt. Sehr wohl kann das Sturmelement aus nur einer oder zwei Gruppen oder gar aus einzelnen Trupps bestehen [SCHRIFTENREIHE SUOV 1992], es geht aber um das Prinzip (Feuer und Bewegung).

Das Führungs- und Unterstützungselement besteht aus dem ZUGFÜHRER mit seinem ZgTrp und evtl. weiteren zur Verfügung stehenden Kräften. Es koordiniert den Kampf. Das Deckungselement sammelt sich an den Kfz oder in einer anderen Stellung und hält den Gegner mit Steil- und Flachfeuer nieder. Ein Führer des Deckungselements ist zuvor einzuteilen.

Das Sturmelement muss im Hinterhalt, wie oben dargestellt, evtl. erst unter dem Schutz von Nebelmitteln und des Geländes an der Spitze oder am Ende des Zuges gesammelt werden. Wichtig ist, dass der eingeteilte Führer des Sturmelements zuvor ein Erkennungssignal (akustisch – z.B. Gashorn oder die klassische Trillerpfeife) festgelegt hat. Das Sturmelement tritt zum Gegenstoß an, wenn die Deckungsgruppe den Gegner unter dem Einsatz von Maschinenwaffen, ZF-Gewehren und Granatpistolen erfolgreich niederhält.

Das Sturmelement muss sich gegebenenfalls über eine längere Strecke bewegen. Hier kommt jetzt wieder das Prinzip der Entfaltung der einzelnen Gruppen im Verbund zum Tragen.

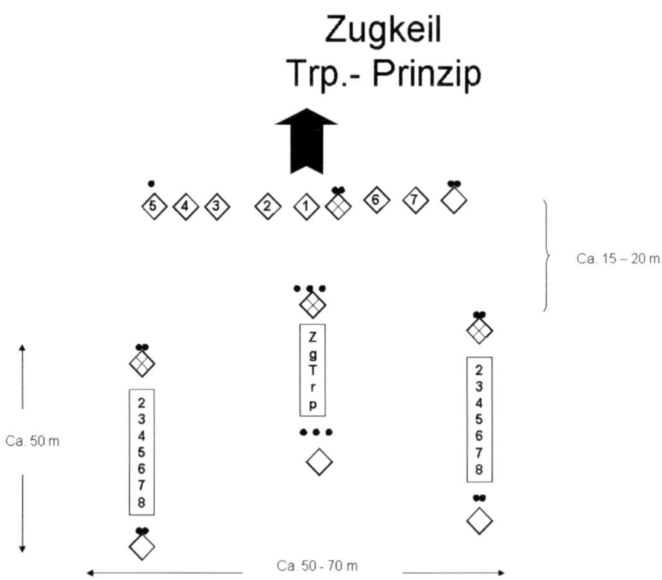

Abbildung 6-27: Gliederung des Sturmelements beim Gegenstoß

Die Abbildung 6 – 27 zeigt eine mögliche Gliederung eines Sturmelements [von DACH 1992]. Zur Erinnerung: Das Sicherungselement hat Feuerschutz aufgebaut, das Sturmelement, im obigen Fall aus drei Gruppen (was die Ausnahme sein dürfte), tritt zum Gegenstoß (meist mit automatischen Waffen und Handgranaten) an. Im genannten Fall bewegt sich der Zug im „Keil". Der ZUGFÜHRER führt das Sturmelement und kann, wenn nötig, Kräfte aus seinem ZgTrp einschieben. Die Gruppen rechts und links bewegen sich in Schützenreihe – sie können sich zügig bewegen und bei Bedarf ebenfalls durch den ZUGFÜHRER eingesetzt werden. Es kann notwendig sein, kurzzeitig eine der Gruppen wie ein Deckungselement einzusetzen. Die Zahlenangaben sind als Anhalt zu betrachten. Die vorderste Gruppe, aufgegliedert in drei Trupps, bewegt sich im „Schützenrudel" und führt unmittelbar den Kampf.

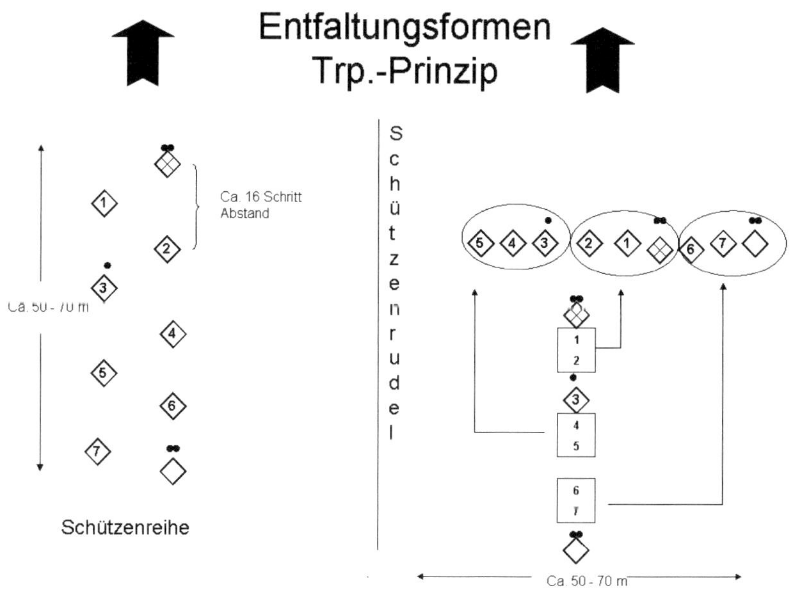

Abbildung 6-28: Übergangsform von der Schützenreihe in das Schützenrudel

Der Übergang von der Schützenreihe in das Schützenrudel wird in Abbildung 6 – 28 dargestellt. Dabei handelt es sich um eine Prinzipskizze. Die Gliederung der Gruppe in drei Trupps erleichtert dabei dem GRUPPENFÜHRER das Führen. Diese Formation hat den Vorteil, dass viel Feuer auf die Fläche gebracht werden kann. Es ist aber schwerer, die Übersicht zu halten, sodass sich das Rudel nicht ganz so zügig vorwärts bewegen kann. Dies gilt besonders im unübersichtlichen Gelände. Im Umkehrschluss heißt dies, dass der Trupp innerhalb der Sturmgruppe die Basis des Gegenstoßes ist, sich dieses also in Einzelgefechte auflösen wird. Dies umso stärker, je unübersichtlicher das Gelände wird. Der Berücksichtigung des Gefahrenbereiches der Waffen, der Feuerregelung und der Kommunikation untereinander kommt größte Bedeutung zu.

In der Nachschau wird deutlich, dass der Gegenstoß nach den Grundsätzen des Angriffes geführt wird. In der Realität wird diese Gliederung, da ein Angriffsplan nie mehr als wenige Minuten Bestand hat, sicherlich anders aussehen.

Hinsichtlich der Szenarien, die sich im Hinterhalt ereignen können, seien noch zwei weitere erwähnt:

- Teilung des Zuges – ein Teil bricht vorwärts durch, ein Teil weicht rückwärts erfolgreich aus
- Teilung des Zuges – ein Teil bricht (vorwärts/rückwärts) erfolgreich durch, ein Teil bleibt im Hinterhalt liegen.

Im ersten Fall wird der Führer entweder versuchen, die Teile wieder zusammenzuführen oder die Teile bewegen sich kurzzeitig autonom, z.B. zur Basis zurück. Im zweiten Fall wird ein guter Führer versuchen, neben der Alarmierung von Verstärkungskräften die eingeschlossenen Teile durch Führen eines Gegenstoßes zu entlasten. Die Kommunikation mit den eingeschlossenen Teilen ist dabei unabdingbar – demnach sollte auch diese Variante mehrfach geübt worden sein.

Zum Schluss wird hier der Versuch gewagt, einen „einfachen" Befehl für solch einen Gegenstoß zu skizzieren. Das Heranführen von Verstärkungskräften oder das Leiten von unterstützendem Mörserfeuer ist dabei nicht Gegenstand. Dabei sei erwähnt, dass, während der ZUGFÜHRER versuchen wird, die Lage in den Griff zu bekommen, mit reichlich automatischen und evtl. auch panzerbrechenden Waffen auf den Zug gefeuert wird und die ersten eigenen Männer bereits verwundet oder gefallen sein werden. Für lange Befehlsorgien wird wenig Zeit sein. Die Gefahr, dass die Deckungsgruppe die Sturmgruppe gefährdet, ist groß, daher wird ihr in diesem Beispiel ab einem bestimmten Punkt „Feuer halt!" befohlen – im Gefecht kann eine andere Feuerregelung zweckmäßig sein. Je besser solche Handlungen vorher drillmäßig geübt wurden, umso kürzer können in Krisenlagen dann die Befehle sein.

1. Phase (Zurückgewinnen der Initiative)

ZUGFÜHRER über Funk: „Lageinfo an alle: Hinterhalt!! Straße vor – und hinter uns blockiert- Fd-Stellung rechts vor uns im Kusselgelände - wir treten an zum Gegenstoß, dazu eingeteilte Sicherungskräfte halten Gegner im Kusselgelände weiter nieder! ZugTrp und Sturmelement sammeln sich am ersten Kfz, kenntlich durch Hupton! (ZugSpitze) … Marsch Marsch!!"

2. Phase (Aufbau Feuerschutz und Feuerregelung)

ZUGFÜHRER an Deckungselement (ggf. über Funk): „Deckungsgruppe, wir gehen gegen Gegner im Kusselgelände von/über/auf vor - Ihr sichert unser Vorgehen. Auf mein Zeichen (EINSTERN GRÜN) Feuerschwerpunkt auf Einbruchstelle bei…! Feuer halt, wenn wir mit unseren Spitzen in das Kusselgelände eindringen oder wir EINSTERN ROT feuern. Ich bleibe bei Sturmelement."

3. Phase (Bereinigung der Lage)

ZUGFÜHRER an Führer Sturmelement: „Sturmelement, nach Aufbau Feuerschutz, auf meinen Befehl von über nach Fd werfen; Einbruchstelle bei… ich übernehme 1. Sturmelement – Deckungselement stellt Feuer ein auf EINSTERN ROT oder wenn wir in das Kusselgelände eindringen. Sturmelement mir nach!"

Nach dem Gefecht folgen die Versorgung der eigenen Verwundeten sowie die Maßnahmen zur Bergung und Instandsetzung. Helfen kann hier, wie bereits bei der IED-Thematik angesprochen, folgende Richtschnur:

- Sammeln: Sich selbst auf Verletzungen prüfen, Einsatzkräfte auf Vollzähligkeit und Unversehrtheit prüfen
- Sichern: Meldung an übergeordnete Führung (Wo, Wann, Wer, Wie, Was?), Rundumsichern, Hinweise auf Folgeanschlag beachten (der herbeieilende Hilfskräfte verheerend treffen kann), Verletzte versorgen
- Suchen: Kräfte zusammenhalten, Vermisste usw. suchen, Beweismittel sichern…
- Sanitätsversorgung sicherstellen, Verstärkungskräfte einweisen
- Ausweichen: Eigene Kräfte in Sicherheit bringen; sofern der sichere Bereich in Sichtweite des Tatortes liegt (und umgekehrt), können unter Umständen weitere Kenntnisse über die Täter durch Beobachtungen gewonnen werden.

7 Einsatznachbereitung

Einsatznachbereitung ist Einsatzvorbereitung. Ausbilder müssen dies verinnerlichen. Sie dient dazu, es beim nächsten Übungsdurchlauf oder beim nächsten Einsatz besser zu machen. Einsatznachbereitung besteht aus mehreren Elementen. Ein Element ist sicherlich die Auswertung des „Was war gut? Was war schlecht? Was lernen wir daraus?“, also die Lehren aus dem unmittelbaren Übungs- und Einsatzgeschehen. Dies geschieht am besten direkt nach Beendigung eines Ausbildungsabschnittes mit dem Blick ins Gelände, also auf den Schauplatz des eben Erlebten. Wenn nicht möglich, dann an einem sicheren Ort. Wichtig ist aber, dass die noch frischen Eindrücke unmittelbar gesammelt und verarbeitet werden können. Der Einzelne soll dadurch durchaus mit einbezogen werden – Hilfsfragen und die persönliche Ansprache Einzelner („Wie stellte sich Ihnen die Situation dar, was haben Sie gemacht? usw.) sind hier hilfreich. Wenn es die Zeit erlaubt und es sich um eine komplexe Situation handelt (z.B. Zuggefechtsschießen), kann das nachträgliche gemeinsame Rekonstruieren eines Bildes innerhalb des Schießens sinnvoll sein. So erhalten alle Männer einen Eindruck, warum Gefechtsausschnitte so erlebt wurden und nicht anders und welche Rolle sie dabei spielten. Auch wenn sie durch räumliche oder sachliche Entfernung zunächst den Zusammenhang nicht erkennen konnten. Mitgeschnittene Funksprüche oder die Dokumentation mit einer Videokamera können hier wertvolle Dienste leisten (die Aufnahmen sollten danach selbstverständlich nicht in einem Internetforum auftauchen – das wäre fatal). Dabei dürfen am Ende aber Auswertungszeit und Übungszeit nicht im Missverhältnis stehen. Bei diesen Besprechungen kann es ebenso zweckmäßig sein, das nächste „Ausbildungsrennen“ zusehen und zuhören zu lassen. Dies profitiert von den Erfahrungen der Vorgänger, was den Ausbildungserfolg deutlich erhöhen kann. Dem ersten Rennen eines Tages oder eines Ausbildungsabschnittes muss demnach sehr wohl mitgeteilt werden, dass es die schwerste Rolle einnimmt.

Ausbilder tun gut daran, sich in diesen Phasen Stichworte aufzuschreiben (ich führe dazu stets ein Notizheft DIN A-5 mit) und diese Stichworte am

Ende in persönliche Erfahrungen und Lehren zu formulieren. Nicht selten können hieraus Beiträge für interne Ausbildungshilfen oder Erfahrungsberichte entstehen. Ebenso ist es denkbar, hierdurch Verbesserungs- oder Ergänzungsvorschläge für bestehende Vorschriften formulieren zu können.

Einsatznachbereitung ist auch das gemeinsame Waffenreinigen am Ende eines Ausbildungstages, ja selbst der ungeliebte technische Dienst kann durchaus „Fortbildungscharakter" haben, wenn mit methodischem und taktischem Hintergrundwissen durchgeführt. Durch diese Dienste bereiten sich die Männer auch auf den nächsten Tag vor. Gleichzeitig rekapitulieren sie in diesen Phasen im gemeinsamen Gespräch Dinge und verarbeiten das persönliche Erleben. Damit wären wir bei dem Aspekt der persönlichen oder geistigen Nachbereitung. Der intakten Gemeinschaft des Trupps, des Zuges und der Gruppe und damit der Führerleistung kommt hohe Bedeutung zu. WOHLGETHAN [2009] berichtet in seinen persönlichen Erlebnissen davon, wie sich schlechte Stimmung, Konkurrenzdenken, fehlender Zusammenhalt im Team und evtl. auch Führungsdefizite im Einsatz auswirken können. Im genannten Fall sorgte dies offenbar für die vorzeitige Ablösung des gesamten (Fallschirmjäger-)Zuges aus dem Einsatz. Ebenso berichtet er über seine psychischen Probleme. Inzwischen werden psychische Probleme, die Personen nach dem Einsatz haben können, nicht mehr tabuisiert. So ist das Thema häufig Gegen stand der militärischen Fachpresse (z.B. in den Zeitschriften „Loyal" oder „Europäische Sicherheit"). Laut Pressemeldungen sieht sich die Bundeswehr zunehmend mit Fällen von PTBS konfrontiert. Demnach nahm die Zahl von 2006 bis 2008 von 55 auf 226 registrierte Diagnosen zu. Dabei ist von einer hohen Dunkelziffer auszugehen [MERKEL 2009]. Ebenso ist die Rede davon, dass 1,6 % bis 8 % der aus Kriegsgebieten zurückkehrenden Soldaten psychisch traumatisiert sind, während die Bundeswehr von 0,8 % bis 2,5 % ausgeht.

Eine umfängliche, differenzierte und teilweise kritische Betrachtung des Themenkomplexes liefert UNGERER [2003], der sich von wissenschaftlicher Seite annähert. Interessant ist demnach auch die Betrachtung, warum Personen keine Traumata bekommen bzw. dass der Traumaprävention mehr Beachtung geschenkt werden müsse. Seiner Ansicht nach ist dies volkswirtschaftlich zunächst billiger als Traumata zu heilen. Für die Einsatzkräfte ist es aus der rein menschlichen Perspektive sowieso besser, Traumata zu vermeiden, als eine Krankheit (evtl. nicht vollständig) heilen zu müssen. UNGERER [2003] unterbreitet hierzu entsprechende Vorschläge für Ausbildung und Einsatzvorbereitung zur Erhöhung der Traumaresistenz wie zum Beispiel:

- Das Schaffen von Handlungssicherheit (Waffen, Ausrüstung, Einsatzgrundsätze)
- Das Üben außergewöhnlicher Situationen
- Das Verhindern von Routine
- Das Heranführen des Einzelnen an seine individuelle körperliche und geistige Leistungsgrenze
- Die Konfrontationen mit bislang nicht geübten Szenarien
- Die Bildung einer Erwartungshaltung für das Außergewöhnliche

Wichtig hierbei ist sicherlich, den gesunden Mittelweg zwischen einsatznaher und stark fordernder Ausbildung einerseits und Einhaltung der Vorschriften und der Achtung der Menschenwürde andererseits zu wahren.

Eine Erkenntnis scheint zu sein, dass Soldaten dann vermehrt mit PTBS konfrontiert sind, wenn gesellschaftliche Unterstützung und Anerkennung für den Einsatz fehlt [HOFFMANN 2008]. Zu einem ähnlichen Ergebnis kommt auch PALLAY [2003], der zusätzlich davon berichtet, wie wichtig die Aufbereitung des Geschehens mit Kameraden bzw. Kollegen sowie den Vorgesetzten unmittelbar nach dem Ereignis (und gerne auch mit einem Bier) erscheint. Zumindest aus letztgenanntem Fall ergeben sich unmittelbare Ansätze für den GRUPPENFÜHRER und ZUGFÜHRER, nämlich

- das gemeinsame Absolvieren der Ausbildung,
- die gemeinsame Nachbereitung des Erlebten

- auch mal das Bier auf der Stube, wenn etwas besonders gut geklappt hat, ohne dabei die notwendige Distanz zu verlieren und
- das strukturierte „Einsatz-Abschluss-Gespräch"

Bei letzterem Punkt versammelt der GRUPPENFÜHRER oder ZUGFÜHRER seine Kräfte kurz nach dem Erlebten unweit des Übungs- oder Einsatzortes. Insofern kommt es hier zur Überschneidung mit dem Nachbereiten des Erlebten aus einsatztaktischer Sicht. Es erscheint zweckmäßig, nach der taktischen Auswertung fließend in die „psychologische" Auswertung überzugehen. Ob der Führer die Männer im Kreis antreten lässt, ist dabei situationsabhängig. Sie sollten jedoch stehen, denn sitzende Männer erscheinen schneller unaufmerksam oder sie schlafen, je nach vorhergehender Belastung, einfach ein. Der Führer sollte versuchen, dass jeder seiner Männer im Gespräch einen Beitrag liefern kann und spricht sie persönlich an. Alle hören zu und lassen einander jeweils ausreden – in dieser Phase gibt es auch keine Kommentare von Dritten. Im Mittelpunkt steht das Empfinden des einzelnen Mannes. Der Führer stellt hierzu der Reihe nach folgende Fragen und zeigt auch Interesse, indem er Antworten präzisieren lässt (nachfragen):

- Welche Rolle, Funktion, Aufgabe hatten Sie (nur einen Begriff abfragen)?
- Was hat Sie am meisten getroffen, berührt, beeindruckt (nur einen Begriff abfragen)?
- Was war das vorherrschende Gefühl?
- Welches Gefühl ist jetzt am stärksten?
- Was brauchen Sie jetzt?

Spätestens bei der letzten Frage wird eine Antwort kommen, wie „was zu Essen", „Schokolade", „eine Zigarette", achten Sie mal darauf. Nicht selten kommt eine witzige Bemerkung und die Einheit fängt an zu lachen, obwohl sie gerade richtig „fertiggemacht“ wurde oder noch frustriert und mutlos war. Dann haben Sie zwei wichtige Dinge erreicht:

Es wird gelacht und die Männer richten sich wieder auf – alles ist „halb so schlimm“. Sie fangen wieder an zu sprechen bzw. sie haben genug Stoff für ihre individuellen Gespräche. Zudem haben die Beteiligten hoffentlich Verständnis für andere Kameraden erlangt, die vielleicht einen nicht so guten Tag hatten. Die Besprechung endet mit Dank und Lob für die gezeigte Leistung und einem Ausblick auf die folgenden Ereignisse/Abschnitte. Der Ausbilder bzw. Vorgesetzte sollte im Zuge des Gespräches weiteren nötigen Handlungsbedarf erkennen, z.B. auch für persönliche Gespräche im Nachgang mit einzelnen Personen.

Im Ergebnis bleibt festzuhalten, dass durch das hier Gesagte der Vorgesetzte sowohl den Ausbildungsstand seines Personals erhöht, als auch seinen Beitrag zur Erhaltung der Stressstabilität beitragen kann; die professionelle Hilfe durch einen besonders geschulten Arzt oder Seelsorger vermag dieses Gespräch nicht zu ersetzen. Der Vorgesetzte vermag hierdurch die Notwendigkeit professioneller Hilfe aber evtl. zu erkennen und die notwendigen Maßnahmen einzuleiten.

8 Ausbildungsgrundsätze

Die gründliche Ausbildung ist die Basis dafür, die Übung und den Einsatz mit Erfolg zu bestehen. Nichts und niemand gibt dabei aber die Garantie, dass „alles“ klappt oder dass alle unversehrt und heil nach Hause kommen. Gleichwohl: Je besser ausgebildet, umso höher ist hierfür die Wahrscheinlichkeit gegeben. Gute Ausrüstung spielt dabei sicherlich eine wichtige Rolle. Nicht selten entsteht jedoch der Eindruck, gerade wenn man sich die ein oder andere Militärzeitschrift oder unterschiedliche Waffenmagazine anschaut, dass Ausrüstung (offenbar schon alleine deren Beschaffung) alle Probleme löst und die Ausbildung ersetzt. Genau das Gegenteil ist der Fall! Zu der soliden Vermittlung von Handlungs- und Einsatzgrundsätzen, die unbedingt erforderlich ist, kommt jetzt auch noch die Fertigkeit und Fähigkeit dazu, komplizierte Ausrüstungsgegenstände (oder Waffensysteme) handhaben zu können – bei Nacht, bei Extremtemperaturen und im Gefecht.

Die Grundlagen dessen, was der einzelne Mann infanteristisch bzw. als Einzelschütze können muss, finden sich zunächst im REIBERT [2009] und im TASCHENBUCH für WEHRAUSBILDUNG [2008] bzw. in der jeweils aktuellsten Ausgabe. Wurde dieser Stoff verinnerlicht, kann zur Ausbildung im Team/Gruppe oder im Zugrahmen ausgebildet werden. Die solide Einzelausbildung ist stets die Grundlage für alles Weitere. Es gibt für die Ausbildung ein paar einfache Grundsätze:

Ziele festlegen

Vor jeder Ausbildung ist ein Ziel festzulegen. Nur so kann „zielgerichtet“ ausgebildet werden und der Ausbilder kann danach beurteilen, ob das Ausbildungsziel erfüllt wurde.

Nach Vorschrift ausbilden

Es wird nach Vorschrift ausgebildet – wenn es eine gibt. Damit wird Einheitlichkeit sichergestellt, sodass auch Gruppen oder Züge schnell zusammen wachsen, die sich noch nicht so lange kennen. Damit wird auch sichergestellt, dass Sicherheitsbestimmungen eingehalten werden. Vorschriften und Sicherheitsbestimmungen sind in der Regel aus den Erfahrungen und Lehren aus dem Einsatz entstanden. Harte fordernde Schießausbildung unter Beachtung (und Ausnutzung) der Sicherheitsvorschriften ist ein Erfolgsgeheimnis von guten, professionellen Einheiten. Sicherheitsbestimmungen, als Deckmäntelchen für „alles das, was nicht geht", wurden falsch interpretiert. Im Einsatz werden gerade diese Einheiten im Feuerkampf große Probleme haben, die in der Ausbildung Sicherheitsvorschriften als Alibi hierfür betrachteten.

Lagebezogenes (plausibles) Ausbilden

Eine Ausbildung, der keine plausible (Kurz-)Lage zu Grunde liegt, ist eine schlechte Ausbildung, weil sie „beliebig" macht und dadurch unglaubwürdig wird. Deutlich wird dies anhand der Marschausbildung. Unter IED-Bedingungen werden andere Einsatzverfahren zur Anwendung kommen, als unter Bedingungen, bei denen mit Luftangriffen zu rechnen ist. So fahren Fahrzeugbesatzungen in der Regel bei einer IED-Lage in den Kfz mit angelegtem Gehörschutz – bei einem „reinen" Spähtrupp ist das ziemlicher Unsinn. Muss mit Menschengruppen gerechnet werden, fahren die Kfz beim Halt so dicht auf, dass niemand dazwischentreten kann. In anderen Lagen kann aber auch zweckmäßig sein, immer so viel Abstand zum vorderen Kfz zu halten, dass mit einer Einschlagbewegung des Lenkrades das Ausscheren möglich ist oder das großräumige Auflockern. Die Ausbildung von Schutzformationen (Postenkette) ohne erweiterte Schutzausstattung ist sinnlos, wenn die Einsatzkräfte mit Helm und Gewehr plötzlich Steinewerfern hilflos bzw. vollkommen überfordert gegenüberstehen. Die Ausbildung „Die Gruppe im Gegenstoß" macht Sinn, wenn der Gegner in plausibler Stärke angreift und der Auftrag für die Gruppe auch erfüllbar ist. Beim Zuggefechtsschießen ist sinngemäß zu verfahren. Demzufolge geht jedem Ausbildungsabschnitt eine plausible Kurzlage (gegliedert nach LANGEMARP, siehe Kapitel 5) voraus. Die Einweisung in die Lage erfolgt sinnvoller Weise mit Hilfe eines Geländesandkastens (möglich sind auch Skizze mit Kreide oder Flipchart) und wird dadurch optisch erklärt. Hierdurch lernen die Männer auch, dass der Trp oder die Gruppe das Gefecht (hoffentlich) nicht mutterseelenallein führt.

Jeder übt alles - am Ende kann jeder Mann jede Waffe der Gruppe bedienen und nicht nur seine persönliche. Am Ende können die Männer beim Ausfall von Führern diese ersetzen. Die Gruppe wird nicht handlungsunfähig, wenn der Führer ausfällt, sondern muss in der Lage sein, im Sinne des Auftrages zu handeln und den Auftrag zu erfüllen.

Tiefe vor Breite – was geübt wird, muss am Ende sitzen. Hierbei geht es darum, Handgriffe und Handlungsweisen „richtig“ zu üben und Fehler sofort und gründlich abzustellen. Haben sich Fehler oder „Schlendrian“ beim Einzelnen erst eingeschliffen, bekommt man sie nicht mehr weg, weil in der Teamausbildung kaum noch Zeit dafür sein wird. Daher ist der Ausbildungsstoff übersichtlich zu halten, langsam zu steigern und „unbemerkt“ ständig zu wiederholen, damit keine Langweile aufkommt. Was nicht gebraucht wird, wird nicht geübt – das spart Zeit, das Wesentlich zu trainieren und zwar durch alle!

Es wird in kleinen Ausschnitten gelehrt und gelernt – das deckt sich mit „Tiefe vor Breite“, kombiniert mit **„Vom Leichten zum Schweren“**. Komplexe Szenarien sind nun mal kompliziert und überfordern die Männer. Hieraus resultieren wieder Handlungsfehler. Das Üben in kleinen Ausschnitten führt an das richtige Verhalten in Komplexsituationen heran, ohne die Tätigkeiten der einzelnen Person zu vernachlässigen. Es macht sie im Gegenteil gegenüber der Katastrophe stabiler.

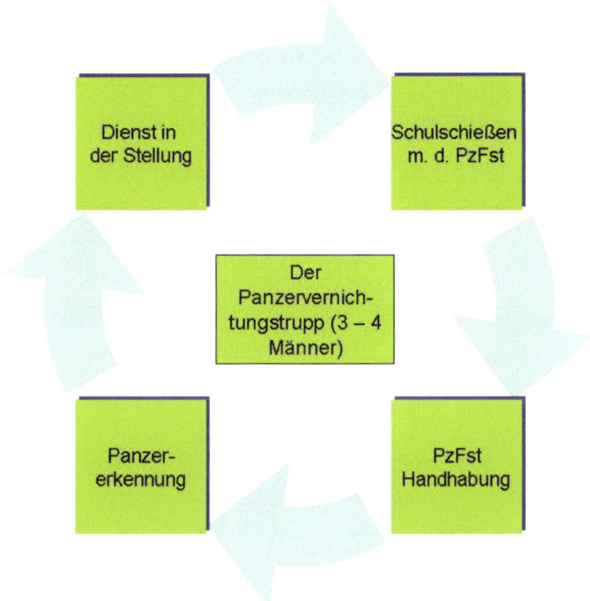

Abbildung 8-1: Ausbildung der Einzelschützen am Beispiel „PzVernTrp"

Abbildung 8-1 zeigt, wie eine (Stations-)Ausbildung für den PzVernTrp aufgebaut sein könnte. Den Männern wird durch die Stationsausbildung der Lehrstoff für den einzelnen Mann „häppchenweise" vermittelt. Dabei kommt es darauf an, dass dies einsatznah und gut vorbereitet geschieht. Pz-Erkennung erfolgt aus einer Stellung heraus, mit dem DF. Die Männer sprechen die Typen an und verfassen eine Meldung (wo, wann, wer, wie, was).

Die Handhabung wird in einer Stellung drillmäßig geübt, genauso wie das Verhalten bei Störungen und das Aufsuchen einer Wechselstellung. Das Schulschießen mit Darstellungsmunition und/oder die Nutzung von Simulatoren ergänzt die Ausbildung.

Mehrere Ausschnitte werden zu einem Bild zusammengeführt - nachdem Handlungssicherheit der Männer erreicht ist, werden die einzelnen Schritte zu einem größeren, in sich geschlossenen Szenario zusammengeführt (siehe Abbildung 8-2). Hier gilt ebenfalls, auch wenn es sich um einen anderen Auftrag handelt, dass jeder alles übt. Dabei ist stets so vorzugehen und ein solches Bild zu stellen, dass Truppe nicht „überfordert“ wird. Die Aufgaben dürfen sehr wohl schwer, fordernd sein und können durchaus mal an der körperlichen und geistigen Grenze der Männer gehen. Unrealistische Lagen und unerfüllbare Aufträge untergraben aber das Vertrauen in die eigene Leistungsfähigkeit und in die Führung.

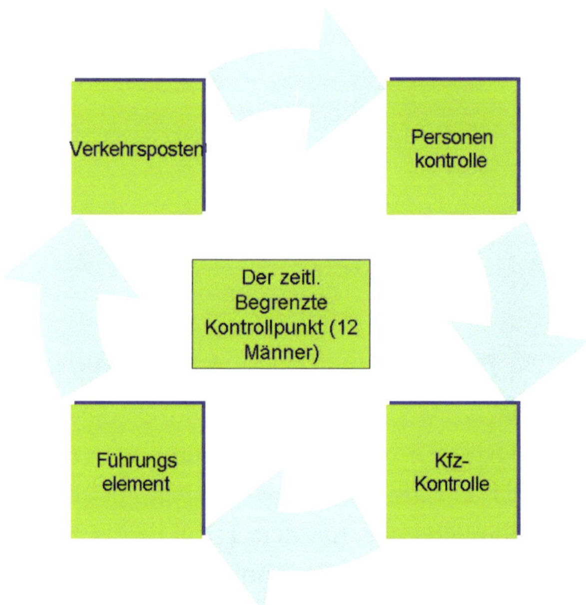

Abbildung 8-2: Ausbildung im Zug-Rahmen; die angeschlossene Einzelausbildung ist Voraussetzung

Ausbildungszeit und Ausbildungsmittel sind knapp und stets auszunutzen – dem Grundsatz wurde sicherlich dann nicht entsprochen, wenn bei einer „Bewegungsfahrt“ die aufgesessene Gruppe auf dem Kfz einvernehmlich „döst“, aber das neue Funkgerät auf dem Kfz am Ende des Tages nicht erklärt und die Handhabung der neuen Waffenanlage auch nicht geübt wurde. Jeder Marsch (auch der mit Kfz zum Übungsplatz oder zur Schießanlage) erfolgt unter einer Lage.

Insofern fällt nicht selten auf, dass zwar technikverliebt geübt wird, hierdurch aber der Blick für das Wesentliche häufig dem „Erlebnisaspekt“ bei der Ausbildung geopfert wird. Fahrräder (Mountainbikes) können beispielsweise hervorragende Ausbildungsmittel für Kraftfahrer und/oder für Kfz-Kommandanten sein. Mit nur geringem Aufwand können unter Leitung des Ausbilders die Kraftfahrer im Gelände bestimmte Passagen abfahren und im Gelände erkunden, wie sie sich, demselben angepasst, am besten mit dem Kfz bewegen. Mit ein paar Metern Trassierband kenntlich gemacht, legen die Fahrer in einem Rundkurs in bestimmten Passagen ihren Weg fest und erläutern ihren Vorschlag ihrem Ausbilder. Erst im zweiten Schritt fahren sie mit dem Kfz Das gilt übrigens sowohl für das taktische Fahren, als auch für das Fahren im Gelände, wobei beides gleichzeitig notwendig sein wird.

Gleiches kann für die GRUPPENFÜHRER gelten. Versehen mit Mountainbikes, Funk und GPS kann der Ausbilder mit ihnen einen Parcours abfahren und bestimmte Situationen einspielen und durchsprechen. Die Reaktion der GRUPPENFÜHRER ist dieselbe wie auf dem Kfz (Meldungen, Statusabfrage, Standortbestimmung…) – der Durchgang mit den Kfz erfolgt jedoch erst, wenn eine gewisse Handlungssicherheit bei der Entschlussfassung besteht. In all diesen Phasen bestand Zeit, dass die Kfz für eine andere Ausbildung zur Verfügung standen – Handhabung der Waffenanlage, Sanitätsausbildung, Auf-Absitzen, Schießen vom stehenden/fahrenden Kfz. Am Ende werden die erlernten Fähigkeiten zusammengeführt. Sinnvoll ist es, wenn am Ende der Ausbildung (Führerschein hin oder her) jedes Gruppenmitglied das Kfz notfalls auch genauso „behelfsmäßig“ fahren wie die Waffenanlage oder das Funkgerät bedienen kann. Und um nochmals das strapazierte Mountainbike als Ausbildungshilfsmittel zu quälen: Bei der Ausbildung von Personenschützern kann das taktische Verhalten von Fahrzeugen hervorragend mit Fahrrädern vorgeübt werden. Erst wenn damit das Verhalten als Begleitfahrzeug oder VIP-Kfz so geübt wurde, dass die Grundverhaltensmuster sitzen, lohnt sich das teure Üben mit dem Kfz und dann mit dem geschützten Kfz. Zugegeben, auch wenn das alles nicht so spannend ist wie das „Loskacheln" mit der schneidigen schwarzen Limousine oder dem „aufgerödelten" Gruppen-Kfz, ein preiswerter und sinnvoller Einstieg ist es allemal. Es fördert zudem die körperliche Leistungsfähigkeit und der Spaß mit der Limousine kommt dann später.

Mit realistischen Zeitansätzen üben

Der Schusswechsel endet, je nach Ausprägung, nach wenigen Sekunden oder auch nach Stunden. Einheiten, die Gefechtsschießen nur im 10-Minuten-Zeitfenster kennen, sind falsch ausgebildet. Schießen sind vom Zeitansatz einer realistischen Lage nachzuempfinden – „Zeitsprünge" sind unrealistisch und vermitteln falsche Eindrücke.

Ausbildungsziel, Ausbildungsmittel und Ausbildungsmethode sind deutlich zu trennen. Ein Ausbilder, der vor seinem Vorgesetzten steht und sagt, „er möchte mal was mit AGDUS (Ausbildungsgerät Duellsimulation) machen", hat „nichts" verstanden. Der Vorgesetzte, der dem stattgibt, ohne die Ausbildungsziele der Anforderung zu hinterfragen, weil das ja so ein „schickes Ausbildungsmittel" ist, auch nicht.

Der Einsatz von Ausbildungsmitteln ist kein Selbstzweck

Manchmal entsteht der Eindruck, dass das Ausbildungsmittel mehr im Vordergrund steht, als das Ausbildungsziel. Ausbilder sollten sich selber stets überprüfen, ob sie in diesen Trott verfallen. Als Beispiele in der Gefechtsausbildung seien hier AGDUS (Ausbildungsgerät Duellsimulator) und der AGSHP (Ausbildungsgerät Schießsimulator Handwaffen/Panzerabwehrhandwaffen) genannt. Beide Mittel haben ihre Berechtigung. AGDUS erlaubt interaktives

Training und schonungslose Fehleranalyse, was das gefechtsmäßige Verhalten der Männer anbelangt. Es ist aber aufwendig (zeitlich und organisatorisch); sein Einsatz muss daher im Verhältnis zum Ausbildungsziel stehen und dem bereits erlangten Ausbildungsstand Rechnung tragen.

Der AGSHP ist ein Gerät zum Unterstützen der Schießausbildung. Er ist ideal, bestimmte Handlungen (z.B. Befehlsgebung, Kampfgespräch) zu üben. Wird er als virtuelles Ballerspiel genutzt, ist sein Einsatz sinnlos. Den scharfen Schuss vermag er nicht zu ersetzen.

Ein probates (und von Spezialeinheiten praktiziertes) Mittel in der Schießausbildung ist das Trockentraining [RADNER 1998]. Dagegen verleitet Manövermunition eher zum nicht einsatzmäßigen Verhalten.

Trockentraining auf der Schießbahn, mit dem Hinweis auf den danach ablaufenden scharfen Durchgang, erfolgt in der Regel bei der übenden Truppe mit großer Konzentration. Dies dann, wenn die Ausbilder nachdrücklich auf die Folgen bei Fehlern im scharfen Schuss hinweisen oder diese schildern (*„Müller, Sie haben soeben Ihren Kameraden getötet!“*). Nicht selten schlagen die übenden Personen sogar einen weiteren trockenen Durchgang vor, um Handlungssicherheit zu erlangen, bevor der Parcours mit Gefechtsmunition absolviert wird. Der Dienstaufsicht, die mit hohen Ausbildungskosten argumentiert, wenn das Nichtfallen des „ersten Schusses“ am frühen Morgen kritisiert wird, wird an dieser Stelle empfohlen, das nächste Rennen im scharfen Durchgang ohne Vorbereitung mit zu schießen.

Abschließend sei darauf verwiesen, dass Ausbilder stets einen Handzettel für ihre Ausbildung vorbereiten sollen [ein Muster befindet sich im ANHANG]. Dieses simple Hilfsmittel soll als Checkliste dienen, um sich selber entsprechend vorzubereiten und die Ausbildung auch nachzubereiten. Ein Ausbilder ohne Handzettel, wie auch immer dieser strukturiert sein mag, ist in der Regel nicht vorbereitet.

9 Trainingsmöglichkeiten und Ausbildungs-einrichtungen

Anbei einige Ausbildungseinrichtungen in der Bundesrepublik Deutschland.

Name	Adresse und Inhalte
Berliner Zentrum für Internationale Friedenseinsätze (ZIF)	Das Berliner Zentrum für Internationale Friedenseinsätze (ZIF) wurde im April 2002 in engem Zusammenwirken von Bundesregierung und Bundestag gegründet. Zentrum für Internationale Friedenseinsätze (ZIF) Ludwigkirchplatz 3-4 10719 Berlin Deutschland Tel: +49 / (0)30 - 52 00 56 5 - 0 Fax: +49 / (0)30 - 52 00 56 590 http://www.zif-berlin.org
ISS International Security School & Services GmbH®	Die ISS International Security School & Services GmbH® ist eine Organisation, die 1998 gegründet wurde, um professionell theoretisches und praktisches Training in allen Sicherheitsbereichen durchzuführen. Dies geschieht weltweit sowohl im staatlichen als auch im privaten Sicherheitssektor. ISS International Security School & Services GmbH® Zur Friedenskirche 30 D-51491 Overath Germany Tel.: +49 2204 201190 Fax: +49 2204 20119 10 http://www.iss-personenschutz.de

Reservistenverband	Der Verband der Reservisten der Deutschen Bundeswehr (VdRBw) ist ein Verein, der dienstgradunabhängig und überparteilich allen Reservistinnen und Reservisten der Deutschen Bundeswehr, fördernden und außerordentlichen Mitgliedern offen steht. Verband der Reservisten der Deutschen Bundeswehr e.V. Bundesgeschäftsstelle Zeppelinstraße 7 A 53177 Bonn Telefon: 0228/25 909 - 0 Fax: 0228/25 909 - 99 E-Mail: info@vdrbw.de Wer als Reservist Lehrgänge etc. sucht, kommt auf den Seiten der Bundeswehr besser zum Ziel http://www.reservisten.bundeswehr.de/portal/a/resarb, da der Verband hier wenig übersichtlich ist
Infanterieschule Hammelburg	Seit zehn Jahren bietet die Bundeswehr Kurse für Journalisten in Krisengebieten an. Die Teilnehmer sollen in sechs Tagen in verschiedenen Szenarios das richtige Verhalten lernen. Dabei wird in fiktiven Geiselnahmen und Minenfeldern viel Wert auf Realitätsnähe gelegt. Infanterieschule Saaleck-Kaserne Rommelstraße 31 97762 Hammelburg Telefon: (09732) - 784 - 0 (Vermittlung) FspNBw: (90) - 6451 - 88 (Vermittlung) www.deutschesheer.de

Bothe Off-Road-Touren	Das Bothe-Team bietet professionelle Geländefahrausbildung in der Niederlausitzer Tagebaulandschaft mit oder ohne eigenen Geländewagen, von leicht bis extrem, an. Ansprechpartner: Oliver Bothe Briesker Straße 30 a 01968 Brieske/Senftenberg Tel.: (03573) 66 99-13 Mobil: 0172 66 02 607 Fax: (03573) 66 99-20 www.allradtouren.de
Dwj-akademie	dwj Verlags-GmbH Rudolf-Diesel-Straße 46 74572 Blaufelden Deutschland Tel.: 07953 9787-100 Fax: 07953 9787-880 www.dwj-akademie.de Seit Ende 2007 bietet die DWJ-Akademie in regelmäßiger Folge und bundesweit Schießkurse an. Die Lehrinhalte aller DWJ-Kurse folgen internationalen Standards. Neben Jägern und Sportschützen finden auch immer mehr Berufswaffenträger von Militär und Polizei den Weg zu Kursen der DWJ-Akademie.

Tabelle 9-1: Fortbildungseinrichtungen in der Bundesrepublik Deutschland

Literaturverzeichnis

ARBEITSGEMEINSCHAFT TRUPPENDIENST [2001]: Gefechtsbeispiele II, Truppendiensttaschenbuch Bd. 39, Verlag Herold, Wien

BELLMANN, M. & SCHRADER, U. [2001]: Handbuch für Übung und Einsatz, Walhalla, Walhalla und Praetoria Verlag, Regensburg, Berlin

BOGER, J. [1986]: Combatwaffen, Combatschießen, Combattaktik, Motorbuch-Verlag

BOGER, J. [1983]: Combat-Training für den Ernstfall, Motorbuch-Verlag

BOGER, J. [1984]: Jäger und Gejagte, Motorbuch-Verlag

BOWDWEN, M. [2002]: Black Hawk Down, Wilhelm–Heyne-Verlag

BUNDESAKADEMIE FÜR SICHERHEITSPOLITIK [2004]: Sicherheitspolitik in neuen Dimensionen, Verlag E. S. Mittler & Sohn GmbH

CHIARI, B. [2009]: Der sowjetische Einmarsch in Afghanistan und die Besatzung 1979 bis 1989, Militärgeschichte 4/2009

DACH von, H. [1984]: Gefechtstechnik, Band 1, Verlag Karl-Heinz Dissberger, Düsseldorf

DACH von, H. [1984]: Gefechtstechnik, Band 2, Verlag Karl-Heinz Dissberger, Düsseldorf

DER REIBERT [2009]: bearbeitet von K z. S. a. D. Dieter Stockfisch, Verlag E. S. Mittler & Sohn GmbH

DER REIBERT [2003]: bearbeitet von OTL a. D. Gerhard Zänkert, Verlag E. S. Mittler & Sohn GmbH

EDELMAIER, H. [1997]: Feuerwerk, Österreichischer Milizverlag, Salzburg

EDELMAIER, H. [2008]: Verteidigungsschießen 2, Österreichischer Milizverlag, Salzburg

FLÖDL, M. [1997]: Militärischer Objektschutz, Österreichischer Milizverlag, Salzburg

GOTTSCHE, T. [2009]: Das Konzept „Erweiterte Grundbefähigung“ und seine Bewährung im Einsatz, EUROPÄISCHE SICHERHEIT 9/2009

GUNTER, G. [1993]: Die Deutschen Skijäger, Seite 99 bis 103, Podzdun – Pallas

HÜBNER, S.F., [1998]: Radikale Combatschießtechniken, WSV-Verlag, Nürnberg

HÜBNER, S.F., [1989]: Scharfschützen-Schießtechnik, Civil Arms Verlag, Lichtenwald

HOFFMANN, H. [2007]: Feuerkampf und Taktik, DWJ-Verlagsgesellschaft

HEERESAMT [2001]: Einsatznah Ausbilden

KLOS, D. [2009]: Sachstand zum Infanterist der Zukunft, EUROPÄISCHE SICHERHEIT 10/2009

KLOS, D. [2009]: Sachstand Schützenpanzer Puma, EUROPÄISCHE SICHERHEIT 11/2009

MERKEL, W. W. [2009]: Heilung auf den virtuellen Schlachtfeld, Die Welt, 05.11.2009

MÜNKLER, H. [2005]: Die neuen Kriege, Rowohlt Taschenbuchverlag, Hamburg

MÜNKLER, H. [2009]: Das Dilemma der deutschen Soldaten, http://www.mdr.de/mdr-figaro/journal/6950720.html

NVA [1967]: Einsatzgrundsätze für Scharfschützen, Reprint, Kabinett Verlag AG, Zürich, 1995

OESTMANN, R. [2003]: Dazu befehle ich…!, Walhalla Fachverlag, Berlin 2003

PALLAY, E. [2003]: Schusswaffengebrauch - und nun? Belastungssituationen eines SEK-Beamten; Beitrag in „Ernstfälle“ von BRENNEISEN, DUBBERT, SCHWETUCHOWSKI, Verlag Deutsche Polizeiliteratur GmbH

PINCTON, Th.; LEDER, L; WILLIAMS, S.G. [2000]: Bodyguard, Verlag C. H. Beck

RADNER, K. [1998]: Schießausbildung Jagdkommando, Truppendienst 1/1998

RIED, U. [1996]: „Die Schießbahn gibt ja wieder mal gar nichts her!“, Truppenpraxis/Wehrausbildung 7/1996

RIEDEL, R. [1992]: Pistolenschießen, Österreichischer Milizverlag, Salzburg

RITZ, A. & KRIEGER, W. [1997]: Die Einzelausbildung, BARETT Verlag, Solingen

ROBBE, R. [2009]: Die Parlamentsarmee und das Amt des Wehrbeauftragten, EUROPÄISCHE SICHERHEIT 11/2009

SANITÄTSDIENST DER BUNDESWEHR [2009]: http://www.sanitaetsdienst-bundeswehr.de, aufgerufen am 16.11.2009

SCHRIFTENREIHE SUOV [1992]: Gefechtsausbildung am Stgw 90, Schweizer Unteroffizierverband, CH-2502 Biel

SCHWARZENBACH, R. [2003]: Personenschutz im In- und Ausland, Richard Boorberg Verlag

SEELIGER, M. [2010]: Das ist ein IED-Krieg, loyal – Magazin für Sicherheitspolitik 02/2010

TASCHENBUCH FÜR WEHRAUSBILDUNG [2008]: Walhalla und Praetoria Verlag, Regensburg

TASCHENBUCH FÜR WEHRAUSBILDUNG [1967]: Walhalla und Praetoria Verlag, Regensburg

UNGERER, D. [2003]: Der militärische Einsatz – Bedrohung – Führung – Ausbildung, miles-Verlag, Potsdam

WACKER, A. [2000]: Im Auge des Jägers, VS-Books

WINKELSDORF, L. [2004]: Einsatzschießausbildung, DWJ-Verlagsgesellschaft

WITZENDORF von, C. [2009]: Geschützte Radfahrzeuge der Bundeswehr, EUROPÄISCHE SICHERHEIT 10/2009

WOHLGETHAN, A. [2009]: Operation Kundus, Econ-Verlag

Bücher im Carola Hartmann Miles-Verlag

Politik, Gesellschaft und Militär

- **Dietrich Ungerer,** *Der militärische Einsatz. Bedrohung – Führung – Ausbildung,* Potsdam 2003.
- **Fouzieh Melanie Alamir,** *Der Präsident Václav Havel,* Berlin 2003.
- **Jens Bargmann,** *Ethik in der Offizierausbildung,* Münster 2004.
- **Silvio Gödickmeier, Martin Schlossmacher,** *Soldatenfamilien im Einsatz,* Berlin 2006.
- **Hans-Günter Fröhling,** *Innere Führung und Multinationalität,* Berlin 2006.
- **Christian Walther,** *Im Auftrag für Freiheit und Frieden. Versuch einer Ethik für Soldaten der Bundeswehr,* Berlin 2006.
- **Rüdiger Schönrade,** *General Joachim von Stülpnagel und die Politik,* Berlin 2007.
- **Uwe Hartmann,** *Innere Führung. Erfolge und Defizite der Führungsphilosophie für die Bundeswehr,* Berlin 2007.
- **Dietrich Ungerer,** *Militärische Lagen. Analysen – Bedrohungen – Herausforderungen,* Berlin 2007.
- **Klaus M. Brust,** *Söldner – Ausverkauf der Exekutive,* Berlin 2007.
- **Uwe Hartmann, Claus von Rosen, Christian Walther (Hrsg.),** *Jahrbuch Innere Führung 2009. Die Rückkehr des Soldatischen,* Eschede 2009.

- **Uwe Hartmann (ed.),** *Connecting NATO. NCSA under the leadership of Lieutenant General Ulrich H. Wolf,* Berlin 2009.

Monterey Studies

- **Uwe Hartmann,** *Carl von Clausewitz and the Making of Modern Strategy*, Potsdam 2002.
- **Zeljko Cepanec,** *Croatia and NATO. The Stony Road to Membership*, Potsdam 2002.
- **Ekkehard Stemmer,** *Demography and European Armed Forces,* Berlin 2006.
- **Sven Lange,** *Revolt against the West. A Comparison of the Current War on Terror with the Boxer Rebellion in 1900-01,* Berlin 2007.
- **Klaus M. Brust,** *Culture and the Transformation of the Bundeswehr,* Berlin 2007.
- **Donald Abenheim,** *Soldier and Politics Transformed*, Berlin 2007.
- **Michael Stolzke,** *The Conflict Aftermath. A Chance for Democracy: Norm Diffusion in Post-Conflict Peace Building*, Berlin 2007.
- **Frank Reimers,** *Security Culture in Times of War. How did the Balkan War affect the Security Cultures in Germany and the United States?*, Berlin 2007.
- **Michael G. Lux,** *Innere Führung – A Superior Concept of Leadership?*, Berlin 2009.

- **Marc A. Walther,** *HAMAS between Violence and Pragmatism,* Berlin 2010.

Einsatzerfahrungen und –erlebnisse

- **Kay Kuhlen,** *Um des lieben Friedens willen. Als Peacekeeper im Kosovo,* Eschede 2009.
- **Sascha Brinkmann, Joachim Hoppe (Hrsg.),** *Generation Einsatz, Fallschirmjäger berichten ihre Erfahrungen aus Afghanistan,* Berlin 2010.
- **Artur Schwitalla,** *Afghanistan, jetzt weiß ich erst…* , Berlin 2010.

<table>
<tr><td colspan="4">1. Ausbildungsthema</td><td colspan="3">2. Ausbildungsziel</td></tr>
<tr><td colspan="3">3. Unterrichtsform
Unterricht Praktischer Dienst</td><td>4. Ausbildungsverfahren</td><td colspan="3">5. Ausbildungsort</td></tr>
<tr><td colspan="4">6. Dienstvorschriften, Anweisungen</td><td colspan="3">7. Ausbildungsmittel</td></tr>
<tr><td>8. Zeitbedarf in Minuten</td><td>9. Ablauf</td><td colspan="2">10. Ausbildungsstoff in Abschnitten (möglichst in Stichworten)</td><td>10.1 Methodik der Ausbildung</td><td>11. Ausbildungsteilziele</td><td>12. Ausbildungspersonal, Hilfsmittel</td></tr>
<tr><td></td><td></td><td colspan="2"></td><td></td><td></td><td></td></tr>
<tr><td colspan="4">13. Organisatorische Maßnahmen</td><td colspan="2">14. Nachbereitung (z.B. Folgerungen, Maßnahmen)</td><td>15. Gefertigt
Datum, Name in Blockschrift,</td></tr>
</table>

Handzettel für die Ausbildung - Anhalt

Zutreffendes ankreuzen